Titel der Originalausgabe: *Panneaux du monde expliqués aux enfants*
Erschienen bei Éditions de La Martinière SA, Paris 2011
Copyright © 2011 Éditions de La Martinière SA, Paris, Frankreich
Layout: Michel Esparcieux

Deutsche Erstausgabe
Copyright © 2012 von dem Knesebeck GmbH & Co. Verlag KG, München
Ein Unternehmen der La Martinière Groupe

Umschlaggestaltung: Leonore Höfer, Knesebeck Verlag
Herstellung und Satz: VerlagsService Dr. Helmut Neuberger & Karl Schaumann GmbH, Heimstetten

Printed in Spain.

ISBN 978-3-86873-425-6

Alle Rechte vorbehalten, auch auszugsweise.

www.knesebeck-verlag.de

Carole Court

SCHILDER DER WELT

Aus dem Französischen von Werner Kügler

KNESEBECK

Inhalt

→ **AUF DER STRASSE: REGELN UND VORSCHRIFTEN**

Hinweise und Warnungen

Achtung Gefahr! ... S. 10
Das europäische Dreieck ... S. 12
Vorfahrt gewähren! ... S. 14
Die Straße ist voller Gefahren ... S. 16
Bei schlechtem Wetter ... S. 20
Die Straße gehört allen Arten von Fahrzeugen ... S. 22
Vorsicht, Schulkinder! ... S. 24
Fußgängerüberwege ... S. 26
Veraltete Schilder oder Schilder, die der Zeit trotzen .... S. 28
Vorsicht, Tiere! ... S. 30

Verbote und Vorschriften

Keine Durchfahrt ... S. 34
Zwei Schilder, über die man sich einig ist! ... S. 36
Der Zoll, einheitlich und auf der ganzen Welt verbindlich ... S. 38
Verbot für Krafträder und mehrspurige Kraftfahrzeuge ... S. 40
Gefahrguttransporte ... S. 42
Verbot für Lkws und Schwerlaster ... S. 44
Im Auto unterwegs ... S. 46
Schutzbereiche für Fußgänger und Radfahrer ... S. 48
Sonderwege ... S. 50
Gleichberechtigung ... S. 52

→ **AUF REISEN: EINE INTERNATIONALE SPRACHE**

Richtzeichen weisen uns den Weg

Jedem Land sein Zeichen ... S. 56
Jedem Land seine Farbe ... S. 58
Jedem Land seine Nummerierung ... S. 62
Eine Gegend vom Auto aus entdecken ... S. 64

Tank- und Kaffeepause ... S. 68

Orientierung auf Flughäfen und Bahnhöfen

Schilder weisen den Weg ... S. 70
Wayfinding oder sich in der Fremde zurechtfinden ... S. 72
Wie kommt man zum Ausgang? ... S. 78

Endlich am Ziel!

Orientierung in der Stadt ... S. 80
Es lebe der Freizeitspaß! ... S. 86

IM ALLTAG: BEACHTEN, SCHÜTZEN, VORBEUGEN

Zusammenleben im öffentlichen Raum

Richtiges Verhalten in der Stadt ... S. 104
Handy abschalten, fotografieren verboten und anderes ... S. 112
Reservierte Parkplätze freihalten! ... S. 114

Schützt die Umwelt!

Das Fahrrad – ein Ökostar ... S. 116
Aktiv für die Umwelt! ... S. 122

Rücksicht im Straßenverkehr

Autofahrer, Augen auf! ... S. 129
Nicht nur auf der Straße lauern Gefahren! ... S. 140
Feueralarm! ... S. 146
Rauchen schadet der Gesundheit ... S. 148
Die wichtigsten europäischen Verkehrszeichen ... S. 150
Schilderquiz ... S. 154

Formen und Farben

»Langsam fahren!«, »Achtung, Züge!« – mit dem Bau der Eisenbahnen wurden die ersten Hinweistafeln angebracht. Sie wurden an Mauern befestigt und richteten sich zunächst vor allem an die Kutscher. Ende des 19. Jahrhunderts vollzog sich ein Wandel im Straßenverkehr. Das Automobil kam auf, und das Verkehrstempo erhöhte sich. Waren die Aufschriften immer noch gut lesbar und für alle verständlich? Schon im ersten Jahrzehnt des 20. Jahrhunderts wurden die frühen Hinweistafeln durch Piktogramme ersetzt, denn nichts ist eindeutiger als eine einfache Zeichnung!

Auf der Straße: Regeln und Vorschriften

Hinweise und Warnungen

Egal, ob man im Auto oder zu Fuß unterwegs ist: Im Straßenverkehr sind immer Vorsicht und Achtsamkeit geboten.

Achtung, Gefahr!

Die wachsende Anzahl der Autos in den europäischen Industrieländern bringt eine steigende Zahl von Verkehrszeichen mit sich, vor allem der Gefahrzeichen, die zur Vorsicht, oder zum Einhalten von Regeln mahnen. Es wäre praktisch, wenn diese Länder die gleichen Verkehrsschilder benutzen würden. 1908 wurden zumindest diese vier Zeichen in Frankreich, Italien, der Schweiz und Deutschland vereinheitlicht.

Die Fahrbahnschwelle

Da Verkehrszeichen in Lateinamerika wenig beachtet werden, zwingt man die Autofahrer dort mit Bremsschwellen zum Langsamfahren. Insbesondere in Mexiko begegnet man den entsprechenden Zeichen häufig. Weiß-gelb oder rot-blau, es gibt sie in zahlreichen Versionen mit klangvollen Namen wie »Zigarre« (entspricht dem französischen »Eselsrücken«, aber weniger breit), »vibradores« (man kann sich das Gerumpel vorstellen!) oder »Kugeln«. Letztere sind metallene Halbkugeln, die dicht nebeneinander auf der Fahrbahn angebracht werden und selbst hartgesottene Raser zum Langsamfahren zwingen. Um das Fahrgestell unbeschadet über die Schwelle zu steuern, hilft nur abbremsen.

→ In **Frankreich** hat sich eines der ältesten und bekanntesten Verkehrszeichen den Eselsrücken zum Vorbild genommen.

Bremsschwelle des Typs Eselsrücken

→ In **Europa** war lange Zeit die Eisenbahn das einzige moderne Verkehrsmittel in ländlichen Gebieten. Mit dem Aufkommen des Automobils änderte sich das. Natürlich kann wegen eines Autos nicht ein ganzer Zug anhalten, deshalb weist eine Bahnschranke die Autofahrer auf die Durchfahrt eines Zuges hin.

Beschrankter Bahnübergang

→ In **Schweden** wie fast überall auf der Welt dient solch ein Kreuz als Zeichen für eine Straßenkreuzung.

Kreuzung

→ In **Griechenland** wird es kurvig! Hier und in anderen Ländern zeigt dieses Schild eine Doppelkurve an, auch wenn viele Kinder zunächst an eine Schlange denken.

Kurven, zunächst Rechtskurve

Das europäische Dreieck

Im Mittelpunkt der Diskussionen, die zur Genfer Konvention von 1931 führten, stand ein allen Ländern gemeinsames Schild, das vor einer Gefahr warnt. Schließlich einigte man sich auf eine international einheitliche Form, aber nicht nur für Schilder, die zur Vorsicht, mahnen (wie hier abgebildet), sondern auch für Verbotsschilder: bei ersteren auf ein Dreieck mit rotem Rand, bei letzteren auf einen Kreis. Der Innenbereich ist unterschiedlich gestaltet, weist aber jeweils ein Ausrufezeichen auf.

Achtung, Gefahr!

»Achtung, Gefahr!« in weißem Feld in **Frankreich**, **Deutschland** und der **Türkei**.

Achtung, Gefahr!

In **Schweden** bevorzugt man Orange und lässt den Punkt weg.

Achtung, Gefahr!

In **Polen** hat das Schild einen feinen roten Rand auf gelbem Feld.

Vereinigte Staaten: die Raute

Auch auf der anderen Seite des Atlantiks versuchte man einheitliche Regeln für Verkehrszeichen zu entwickeln. Zwei unterschiedliche Systeme sorgen aber für ein gewisses Durcheinander. 1932 wurde man sich schließlich einig. Die US-amerikanische Straßenverkehrsordnung trat in Kraft, das so genannte »Manual«. Zu den wichtigsten Merkmalen der amerikanischen Schilder zählen das Vorherrschen der Raute sowie der Farbe Gelb bei allen Gefahrzeichen. Im Unterschied zu den Piktogrammzeichen in Europa überwiegt hier deutlich die Schrift.

Das Hindernis rechts oder links umfahren

Dieses Verkehrsschild zeigt, dass das Hindernis rechts zu umfahren ist ... oder auch links.

Dieses Schild weist auf eine einspurige Fahrbahn hin.

Einspurig

Vorfahrt gewähren!

Dieses Verkehrszeichen ist weltweit eines der bekanntesten. Egal ob in der deutschen Straßenverkehrsordnung, im britischen »Highway Code« oder im US-amerikanischen »Manual« bedeutet ein auf der Spitze stehendes Dreieck »VORFAHRT GEWÄHREN!«. Es unterscheidet sich durch den Kopfstand klar von den Gefahrdreiecken mit roter Umrandung und weist keine weiteren Symbole auf.

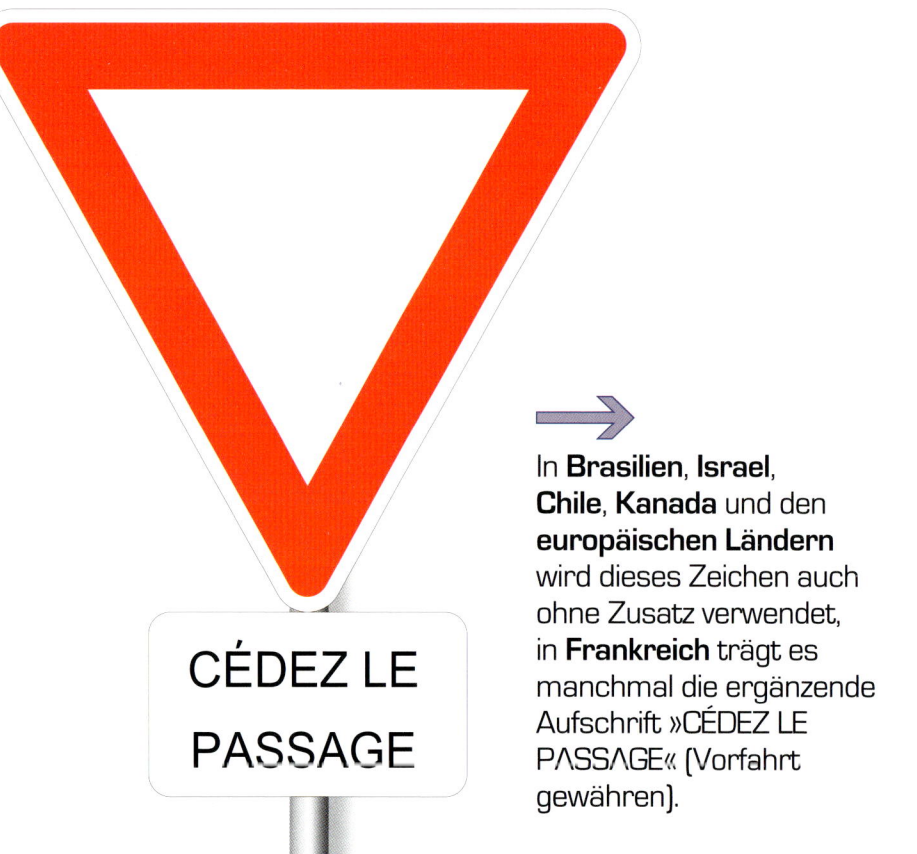

In **Brasilien**, **Israel**, **Chile**, **Kanada** und den **europäischen Ländern** wird dieses Zeichen auch ohne Zusatz verwendet, in **Frankreich** trägt es manchmal die ergänzende Aufschrift »CÉDEZ LE PASSAGE« (Vorfahrt gewähren).

In **Polen**, **Griechenland**, **Finnland**, **Schweden** und **Serbien** ist das Feld gelb.

Vorfahrt gewähren

In **Malaysia** erscheint die Zusatzbemerkung in der Landessprache.

In **Südkorea** trägt die Tafel zwei Aufschriften: eine in Englisch, die andere in Koreanisch.

Die Straße ist voller Gefahren

Viele europäische und andere große Staaten dürfen sich über die hohe Qualität ihres Straßen- und Autobahnnetzes freuen; ganz anders ist die Situation in zahlreichen Ländern Afrikas, Südamerikas und Asiens. Auf weniger befahrenen Straßen kann es sein, dass sich die Natur ihr Recht verschafft und den Autofahrern schlimme Streiche spielt. Zum Glück gibt es Tafeln, die vor solchen Gefahren warnen!

Vorsicht: Schlaglöcher und Buckel

In **Korea** bedeuten diese zwei runden Buckel: Vorsichtig darüber fahren!

Unebene Fahrbahn

In **Irland** rumpelt man über drei Buckel ...

Unebene Fahrbahn

Schlagloch in **Brasilien**

Vertiefung in der Fahrbahn

Wer durch die **USA** fährt, muss wissen, was Bump heißt. Es bedeutet »dumpfer Stoß« und meint hier eine »Bodenwelle«.

Achtung, Buckel!

Vorsicht, Steinschlag!

Steinschlaggefahr → Herabstürzende Steine warnen auf dem **kanadischen** Schild.

Steinschlaggefahr → In **Kalifornien** prasseln die Steine auf ein Auto nieder.

Steinschlaggefahr → In **Frankreich** sind die Felswände ungesichert.

Steinschlaggefahr → In **Finnland** kullern Felsbrocken auf die Fahrbahn.

Böse Überraschungen

In **Marokko** muss man hier auf durchfahrende Schiffe achten. Unter der hochgeklappten Straßenbrücke sind breite Wellen zu sehen.

Bewegliche Brücke

In den **USA** bedeutet dieses Zeichen, dass man umkehren muss, weil die Straße hier zu Ende ist.

Ende der Straße

In **Kanada** ist die Brücke stark schematisiert, das Meer gekräuselt dargestellt.

Klapp- oder Drehbrücke

Auffahrgefahr bei langsamen Fahrzeugen in Steigungen

Auffahrgefahr bei langsamen Fahrzeugen in Gefällen

In **Frankreich** begegnet man diesen in Europa eingeführten Schildern. Sie warnen Autofahrer vor Auffahrunfällen mit langsameren Fahrzeugen. Also Vorsicht: Auf Gefällstrecken könnten die eigenen Bremsen versagen, auf Steigungen könnte dem vorderen Fahrzeug die Puste ausgehen!

Ein ungewöhnliches Schild

Es geschah im April 2010 in Treviso, einer kleinen norditalienischen Stadt. Eines schönen Morgens entdeckten die Autofahrer ein dreieckiges Schild mit der Form eines Gefahrzeichens. Es zeigte die Silhouette einer vollbusigen Frau mit Handtäschchen und Minirock. Wenn jemand da noch Zweifel hatte, wurden sie ihm von dem darunter angebrachten Täfelchen genommen. Es trug die Aufschrift: »Attenzione, prostitute«. Nein, es war kein Aprilscherz!

Bei schlechtem Wetter

Schnee in Gebirgsgegenden, stürmische Winde an den Küsten des Mittelmeers, des Atlantiks oder am Pazifik, wolkenbrucharftige Regengüsse in Asien ... jedes Land hat sein spezifisches Klima und damit auch besondere Verkehrsschilder.

Starker Seitenwind

Starker Seitenwind

→ In **Großbritannien** bläst immer wieder ein kräftiger Wind, deshalb sieht man an der Küste oft ein Schild, das vor starkem Seitenwind warnt. Das Schild oben rechts aus **Pennsylvania** in den **USA** warnt schriftlich vor starken Seitenwinden.

→ In **Kanada** herrschen oft extreme winterliche Straßenverhältnisse. Hier warnt dieses Schild vor einer durch Schnee oder Regenwasser rutschig gewordenen Fahrbahn.

Schleudergefahr

→ In **Deutschland** warnt dieses Schild vor Schnee und Eis auf der Fahrbahn.

Schnee- oder Eisglätte

→ In **Polen** wird die Gefahr auf die gleiche Weise dargestellt.

Schnee- oder Eisglätte

→ In den **USA** greift man wie gewohnt zu einer Aufschrift, auch bei Überflutungen.

Fahrbahn überflutet

→ In **Kanada** ist das Schild wesentlich anschaulicher: Die Überflutung zerschneidet die Straße in zwei Teile.

Fahrbahn überflutet

Eine ungewöhnliche Gefahr

Um die Zahl der Verkehrsunfälle zu senken, die von Betrunkenen durch unachtsames Überqueren der Straße verursacht werden, dachte sich der Bürgermeister von Pecica folgendes Schild aus: ein Dreieck mit einem Mann, der eine Flasche in der Hand über die Fahrbahn kriecht. Das Foto dieses Schilds ging um die Welt, und der Bürgermeister musste sich den rumänischen Behörden beugen. Ihrer Ansicht nach ermunterte das Schild dazu, sich über die Einwohnerschaft lustig zu machen. Statt eines missverständlichen Piktogramms trägt das Schild nun die Aufschrift »Gefahr durch Andere«.

Die Straße gehört allen Arten von Fahrzeugen

Quads kreuzen

Golfcarts kreuzen

In den **USA** hat die Quadmode zu einer Flut von Schildern geführt, die das Kreuzen dieser Fahrzeuge anzeigen. Als Freunde der Greens haben die Amerikaner auch ein Piktogramm, das wie hier in Ohio dazu auffordert, auf Golfcarts zu achten.

Verbot für Handwagen

In Asien sind Handwagen sehr verbreitet. Dieses Schild in **Südkorea** mit dem für Fernost typischen Hut zeigt, dass Handwagenbenutzung hier verboten ist.

 In den **USA** ist die Darstellung sehr speziell. Typisch sind hier die auf den Großfarmen eingesetzten Traktoren. Der Fahrer trägt keine Mütze, sondern einen Cowboyhut.

Landwirtschaftliche Fahrzeuge kreuzen

Holztransporte kreuzen

In **Finnland** werden Traktoren nicht nur in der Landwirtschaft, sondern auch für Holztransporte eingesetzt. In dem für seine ausgedehnten Wälder bekannten Land ist Holz ein wichtiger Rohstoff.

Eine Stadt ohne Verkehrszeichen

Kaum vorstellbar, aber Drachten in den Niederlanden arbeitet tatsächlich an einer Stadt ohne Verkehrszeichen. Seit 2000 gestaltet die Gemeinde gefährliche Kreuzungen nach dem vom Ingenieur Hans Monderman erdachten Prinzip des »shared space« um. Man entfernt einen großen Teil der Verkehrszeichen, um Straßen und öffentliche Plätze sicherer zu machen. Einen ersten Versuch starteten die Drachtener an zwei gefährlichen Kreuzungen, an denen jetzt nur noch »rechts vor links« gilt. Resultat: Der Verkehr regelt sich durch Blickkontakt (nur unter 30 km/h möglich), ist flüssiger geworden, und die Zahl der Unfälle ist gesunken. Auch wenn sich einer Studie zufolge diese Entwicklung nur einem »Gefühl der Verletzlichkeit« verdankt, da manchen Autofahrern selbst »lebenswichtige Informationen« fehlen – das Konzept gewinnt an Boden. 100 Gemeinden der Provinz Friesland haben es bereits übernommen. Zusätzlich unterstützt die Europäische Union ein Programm, mit dem es in fünf Mitgliedsstaaten getestet wird.

Vorsicht, Schulkinder!

Ein weltweit bekanntes Zeichen! Früher gingen Kinder allein zur Schule, das ältere war für das jüngere verantwortlich. Diese Darstellungsart ist immer noch üblich, auch wenn das Bild ein anderes ist: Es zeigt zwei Kinder, deren Geschlecht nicht mehr erkennbar ist.

→ Früher wies dieses Schild in **Deutschland** auf Schulkinder hin. Die große Schwester mit Zopf führt den kleinen Bruder an der Hand zur Schule.

→ In **Deutschland** und **Frankreich** ist die aktuelle Darstellung praktisch die gleiche. Erhalten geblieben ist der Altersunterschied, doch die Kinder rennen jetzt, was die Gefahr deutlicher signalisiert.

Vorsicht, Schulkinder!

Vorsicht, Schulkinder!

 In den **USA** (links) und in Thailand (rechts) wird das Kind von einem Erwachsenen begleitet.

Vorsicht, Schulkinder!

Vorsicht, Schulkinder!

 In **Belgien** (links) und **Südkorea** (rechts) begleitet die Mutter das Kind und trägt einen Rock.

Vorsicht, Schulkinder!

Fußgängerüberwege

Fußgängerüberwege, Bauarbeiten ... auf den Schildern sind meistens Männer dargestellt. Das zeigt, dass Frauen vor nicht allzu langer Zeit zumeist mit den Kindern und nur selten allein unterwegs waren. Zudem mussten sie sich dem Haushalt widmen, und bestimmte Berufe blieben den Männern vorbehalten. Das hat sich geändert, aber die Schilder hinken der Entwicklung hinterher, auch wenn eindeutig männliche Figuren langsam verschwinden.

Heute überquert ein großer und entschlossen wirkender Mann die Straße, in **Finnland** (links) ebenso wie in **Schweden** (rechts).

Fußgängerüberweg

In **Deutschland** trug der Mann auf dem Schild früher einen Hut.

Die **Niederlande** (links) setzen auf eine völlig neutrale Darstellung. In den **USA** und in **Kanada** (rechts) ist nur der Kopf neutral, während die Körperform das Geschlecht erahnen lässt.

Fußgängerüberweg

# Veraltete Zeichen oder Schilder, die der Zeit trotzen

Manche Verkehrszeichen erscheinen uns so selbstverständlich, dass wir gar nicht merken, wie überholt sie sind. So etwa wird am Beginn des 21. Jahrhunderts in der Zeit der Hochgeschwindigkeitszüge ein unbeschrankter Bahnübergang durch eine Dampflokomotive dargestellt! Internationale Konventionen sind eben verpflichtend, Verkehrsschilder kann man nicht beliebig ändern. Solange nicht überall Hochgeschwindigkeitszüge verkehren, wird man den Zug mit diesem Piktogramm darstellen.

Unbeschrankter Bahnübergang

1946   1952   Heute

Das 1946 in **Frankreich** eingeführte Gefahrzeichen für unbeschrankte Bahnübergänge hat sich bis heute kaum geändert. Anfangs in cremefarbenem Feld und mit dünner blauer Umrandung ist das Bild, von den farblichen Veränderungen abgesehen, praktisch immer noch das gleiche. Frankreich hat bis heute die in anderen europäischen Ländern übliche Darstellung abgelehnt und nostalgisch die elegante Silhouette einer Dampflokomotiven beibehalten.

Schleudergefahr

Ende des Hupverbots

Bergpoststraße

Während manche Schilder ihr Motiv zwar behalten, sich aber leicht verändern (das Zeichen »Schleudergefahr« mit einem Auto mit Reserverad auf dem Kofferraumdeckel ist kaum mehr zu sehen, da das Rad jetzt im Kofferraum ist), sind andere derart in unserem Denken verankert, dass sie fortdauern, ohne im Geringsten zu verwundern.

Das in **Frankreich** 1963 eingeführte Piktogramm »Ende des Hupverbots« ist heute noch in Gebrauch, auch wenn derartige Hupen schon seit Langem nicht mehr existieren.

Bei unseren **schweizer** Nachbarn sind Symbole besonders langlebig. Das Horn des Postillons wurde hier zum Zeichen für Poststraßen in Gebirgsregionen, wo man früher seinen Klang vernehmen konnte. Es bedeutet, dass Autofahrer auf den oft kurvenreichen Straßen, wo das Überholen oder Kreuzen für sie sehr schwierig ist, auf die Zeichen und Hinweise der Fahrer öffentlicher Verkehrsmittel achten müssen.

Vorsicht, Tiere!

Reist man in andere Länder, so begegnet man ungewohnten Schildern. Jedes Land hat seine eigene Flora und Fauna und entsprechend viele besondere Schilder. Gute Fahrt!

Schafe *Kleinvieh* *Wildwechsel*

So wird vor Schafen in **Schweden**, Kleinvieh in **Deutschland**, und Wildtieren in **Italien**, **Frankreich** und **Deutschland** gewarnt.

In **Thailand** warnt eine Kuh vor Viehwechsel. Auch Elefanten kann man begegnen.

Der Elch, das Symboltier der skandinavischen Länder (hier ein Schild aus **Finnland**), zählt mit dem **algerischen** Dromedar und dem **australischen** Känguru zu den international bekanntesten Verkehrsschildern.

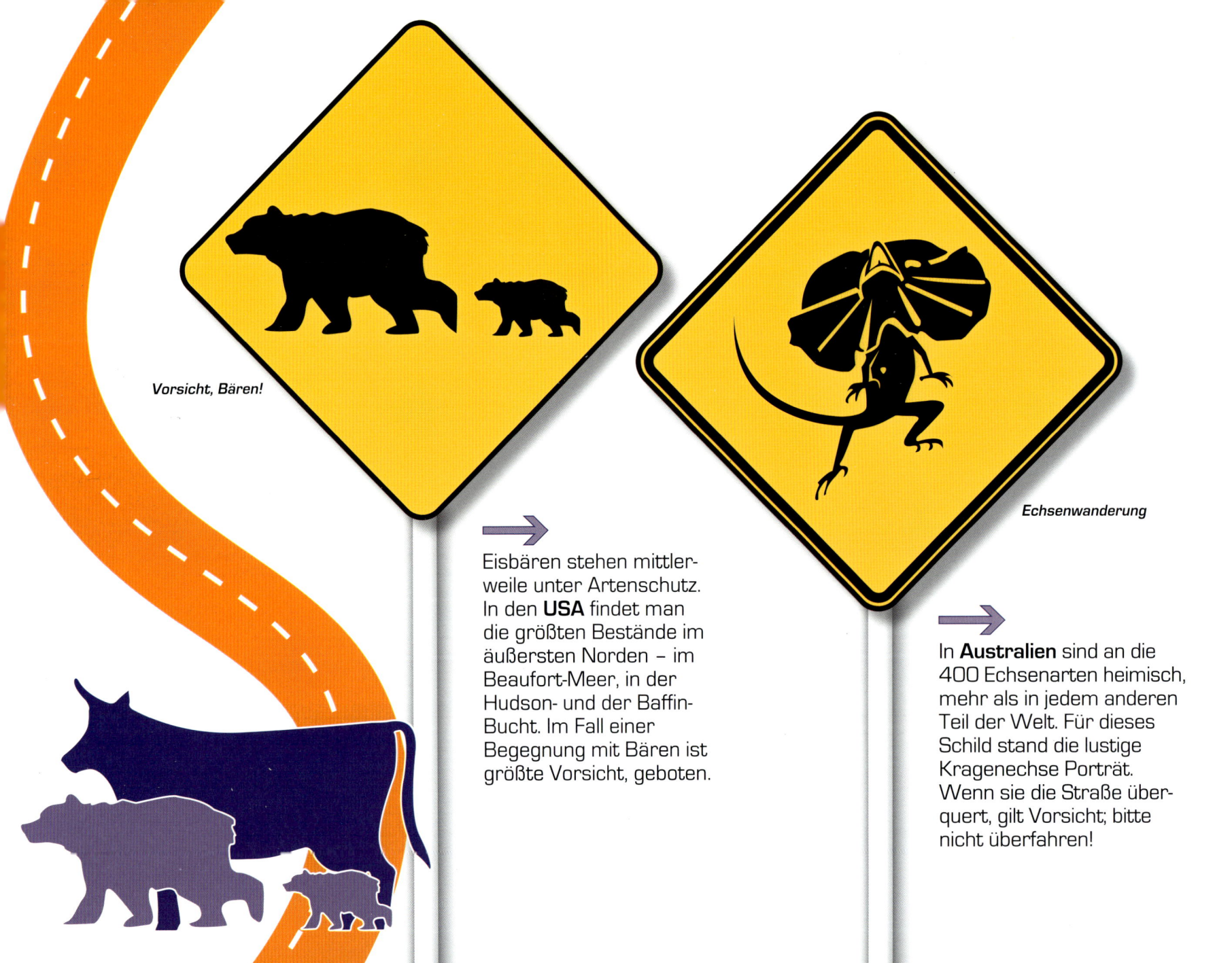

Vorsicht, Bären!

Echsenwanderung

→ Eisbären stehen mittlerweile unter Artenschutz. In den **USA** findet man die größten Bestände im äußersten Norden – im Beaufort-Meer, in der Hudson- und der Baffin-Bucht. Im Fall einer Begegnung mit Bären ist größte Vorsicht, geboten.

→ In **Australien** sind an die 400 Echsenarten heimisch, mehr als in jedem anderen Teil der Welt. Für dieses Schild stand die lustige Kragenechse Porträt. Wenn sie die Straße überquert, gilt Vorsicht; bitte nicht überfahren!

Vorfahrt für langsame Fahrzeuge

→ Diesem Schild begegnet man in **Italien**. Es zeigt keine Schneckenwanderung an, sondern fordert zu besonderer Rücksicht gegenüber langsamen Fahrzeuge auf. So etwa haben Busse in Bergregionen Vorfahrt.

Sind Verkehrszeichen immer eindeutig?

Nicht nur das Schild mit der Schnecke, auch andere Zeichen sind missverständlich. 2008 führten 18 europäische Automobilclubs bei 8000 Autofahrern eine Umfrage durch. Sie zeigte, dass diese von den Verkehrsschildern eher verwirrt als geführt werden. In Italien und Spanien fanden 50 % der Befragten, dass die Schilder schlecht platziert waren, die Deutschen und Österreicher klagten über zu viele Verkehrszeichen. 85 % der Befragten wünschten sich einheitliche Zeichen in ganz Europa. Bei den braun-weißen Schildern, die sich an Touristen wenden, denkt jeder zehnte Autofahrer an ein Industriegebiet, 30 % ist die Bedeutung der Farben nicht klar. Wer zu dieser Gruppe gehört, erfährt im nächsten Kapitel mehr.

Verbote und Vorschriften

Die steigende Zahl von Kraftfahrzeugen zwingt die meisten Länder, Verkehrsregeln einzuführen. Erlaubt, verboten, vorgeschrieben? Man braucht nur auf das Schild zu blicken!

Rund und rot? Keine

Sämtliche Verbotsschilder sind rund, die Farben von Aufschrift und Feld können etwas variieren: Einfahrt verboten, stopp ... Es ist ratsam, sich daran zu halten. Wehe dem, der das Einfahrtverbot nicht erkennt! Der waagerechte Balken zeigt es überdeutlich: Hier geht es nicht weiter, keine Ein- oder Durchfahrt!

In **Südkorea** trägt der Balken eine Aufschrift.

In den **USA** bleibt der Balken, wie er ist; trotzdem hat man eine Aufschrift hinzufügt.

In **Schweden** hat man sich für einen gelben Balken entschieden.

In **Italien** und **Frankreich** genügt der weiße Balken – nüchtern, klar und deutlich.

Achtung, Verbot!

Durchfahrt

Kleine Stilvarianten

In Kanada und den USA können auch hoch- oder querformatige Rechtecke ein Verbot anzeigen; gemeinsam sind den Schildern drei Farben: Weiß, Schwarz und natürlich die Warnfarbe Rot. Durch die Verwendung von Rot ist die Verbotsbedeutung des Schildes trotz seiner ungewöhnlichen Form völlig klar.

Fahrradstreifen. Verbot für Kraftwagen

Verbot für Fahrräder

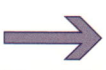

Zwei Schilder in den **USA**: Das erste ist dreifarbig; das deutliche Vorherrschen von Rot auf dem zweiten betont, wie gefährlich es wäre, das Verbot zu missachten.

Parkverbot beiderseits der Pfeile

In **Kanada** verbietet ein schlichtes Schild in roter Schrift, sich hier aufzuhalten.

➡️ Zwei Schilder, über die man sich einig ist!

Verbote aufzustellen ist einfach. Sie aber allen verständlich zu machen, erweist sich als schwierig und kann erfordern, dass sich mehrere Staaten darüber einigen. 1968 tagten in Wien fast einen Monat lang die Delegierten von 66 Ländern, um die Symbole und die Gestaltung ihrer Verkehrsschilder zu vereinheitlichen. Die Konferenz erzielte nur geringe Erfolge, die Regelungen blieben eher allgemein und lassen jedem Land viel Gestaltungsfreiheit.

Über zwei Schilder wurde man sich einig: das Stoppschild und das Zollschild.

 Die achteckige Form des aktuellen Stoppschilds verdanken wir den **Amerikanern**. Alle finden dieses Zeichen gut, auch wenn jeder »Stop« auf seine Art schreibt.

 Als **Frankreich** in den 1950er-Jahren sein erstes Stoppschild einführte, wird schon das Bestreben deutlich, ein unmissverständliches Zeichen zu schaffen: ein Gefahrdreieck in einem Kreis, der das Haltegebot darstellt. Gut erkennbar, aber etwas kompliziert.

Mit Aufschrift im Iran (links) und in China (Mitte), mit Hand in Israel (rechts)

Ob mit Aufschrift wie im **Iran** und in **China** oder mit Symbol wie in **Israel**, durch seine Achteckform ist dieses Schild international verständlich.

 # Der Zoll, einheitlich und auf der

Es ist unmöglich, dieses Schild nicht zu erkennen. Es existiert in sämtlichen Ländern der Welt und wird stets in zwei Sprachen angekündigt: oben in der des Landes, das man verlässt, unten in der des Landes, in das man einreist. Ein Irrtum ist ausgeschlossen: Zoll! Anhalten!

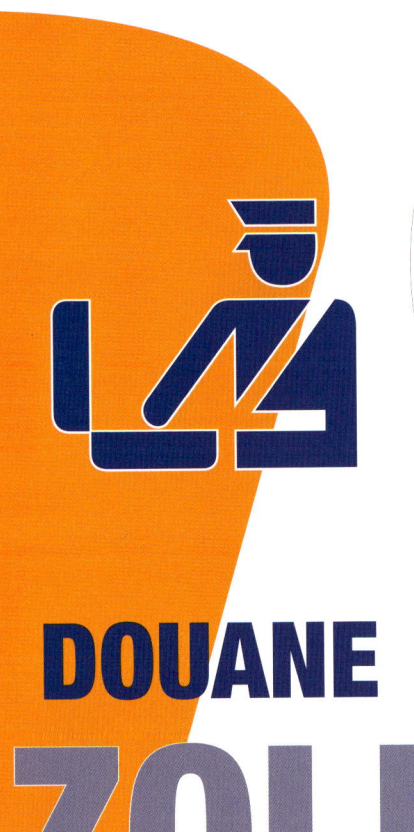

Mit Inkrafttreten des Schengener Abkommens von 1997 über den freien Personenverkehr innerhalb der EU war es mit den langen Warteschlangen an den Zollstationen vorbei. Doch selbst wenn seither nicht mehr kontrolliert wird, stehen viele der Zollschilder noch an Ort und Stelle. So könnten die Kontrollen bei Bedarf vorübergehend wieder aufgenommen werden, falls die Aufrechterhaltung der öffentlichen Ordnung und die nationale Sicherheit es erfordern.

Haltegebot an der Zollstelle

ganzen Welt verbindlich!

→ In **Polen** sieht das Schild so aus.

→ Zweisprachige Schilder sind die beste Gelegenheit, sich mit Fremdsprachen vertraut zu machen. »Zoll« heißt also auf **Italienisch** dogana, auf **Französisch** douane und auf **Spanisch** aduana.

→ In **Marokko** trägt das Schild drei Aufschriften.

 # Verbot für Krafträder und mehrspurige Kraftfahrzeuge

Die grafische Darstellung der Fahrzeuge verrät einiges über die Entwicklung eines Landes.

Verbot für Kraftfahrzeuge, ausgenommen Mofas, Mopeds und Kleinkrafträder

→ In **Frankreich** erinnern Motorrad und Fahrer des alten Verbotsschilds an die Zeit Edith Piafs. Die Karosserie des Autos zeigt die damals typischen rundlichen Formen.

→ Auf dem aktuellen **französischen** Schild ähnelt das Motorrad stärker den heute üblichen Modellen. Das heutige Symbol hat nicht mehr das rundliche Flair der 1950er-Jahre.

→ In **Südkorea** orientiert sich das Auto an imposanten amerikanischen Straßenkreuzern.

→ In **Polen** erkennt man den gedrungenen Typ des osteuropäischen Autos.

Verkehrsschilder stehlen ist riskant!

Ein Verkehrsschild ist ein öffentliches Gut, es zu beschädigen, zu zerstören oder gar zu stehlen ist eine Straftat, die mit bis zu drei Jahren Haft und einer Geldbuße von 7500 Euro geahndet wird. Vor einigen Jahren verurteilte ein Strafgericht in Montpellier einen Mann zu sechs Monaten Haft, 18 Monaten Führerscheinentzug und einem Bußgeld von 6000 Euro. Er stand unter der Anklage, mehrere Dutzend Verkehrsschilder gestohlen zu haben – nicht um sie zu sammeln, sondern um das Aluminium als Altmetall zu verkaufen!

→ In **Italien** zeigt eine sehr nüchterne Zeichnung das Motorrad lediglich durch große Kreise an. Man denkt sofort an ein schweres Motorrad mit roter Lackierung …

→ **Norwegen** hat sich für ein Motorrad entschieden, das an eine bekannte deutsche Marke erinnert. Erraten?

→ In **Polen** erinnert das Piktogramm mehr an die kleinen japanischen Modelle.

Gefahrguttransporte

Die meisten Gefahrguttransporte erfolgen auf der Straße oder dem Schienenweg. Es gibt die verschiedensten Gefahrgüter: entzündliche, giftige, explosive oder radioaktive Substanzen. In der Regel sind sie für die Verarbeitung in der Industrie bestimmt. Ihr Transport unterliegt strengen gesetzlichen Regelungen bestimmte Straßen dürfen damit nicht befahren werden.

Verbot für Fahrzeuge mit gefährlichen Gütern

In **Finnland** zeigt dieses Schild das Verbot von Gefahrguttransporten an.

A (VAK)

Auch dieses Schild warnt auf Finnlands Straßen vor Gefahrguttransporten. Ein Problem für alle, die der Landessprache nicht mächtig sind!

... die **französische** Version nutzt rote und orange Warnfarbe.

*Verbot für Fahrzeuge
mit wassergefährdender Ladung*

*Verbot für Fahrzeuge
mit explosiver Ladung*

 In **Italien** ist das Schild mehrfarbig. Die Ladung ist orange, das Wasser blau.

→ In **Frankreich** ist das Transportgut rot, möglicherweise um seine Gefährlichkeit zu unterstreichen.

 In **Singapur** zieht man dem Symbol eine vielsagende Zeichnung vor. An der Explosionsgefahr besteht kein Zweifel.

In Deutschland hört man auf zu zählen

Mit 32 Verkehrsschildern auf weniger als 50 Metern hält eine Straße in Düsseldorf den Europarekord. Der Lenker eines mit 30 Kilometer pro Stunde fahrenden Autos hat hier gerade mal sechs Sekunden Zeit, um sämtliche Schilder zu lesen. Übrigens gibt es in der bürokratischen BRD 648 amtliche Verkehrszeichen in 1800 Varianten.

Verbot für Lkws und Schwerlaster

Tanklaster, Kühlwagen, Sattelzugmaschinen, Muldenkipper – Lastwagen gibt es in verschiedenen Arten unterschiedlichster Längen- und Gewichtsklassen. Für den Transport von Gütern aller Art sind sie unverzichtbar, doch aus Sicherheitsgründen auf manchen Straßen unerwünscht.

Verbot für Lastkraftwagen

In **Südkorea** zeigt das Schild einen Lkw, dessen Form an die 1950er-Jahre erinnert. Ein Typ, den man in indischen und fernöstlichen Metropolen noch häufig antrifft.

In **Singapur** entspricht der Lastkraftwagen mehr den westlichen Modellen.

Gefährliches Gefälle

Verbot für Lastkraftwagen

→ Irrtum ausgeschlossen! Die lange Motorhaube verrät, dass es ein **amerikanisches** Schild ist.

→ In **Frankreich** ein vertrauter Anblick: Plane, kurzes Führerhaus, eher gedrungene Form.

Eine runde blaue Scheibe? Eine Vorschrift!

Hier durch, dorthin, erst links, dann rechts, hier nicht ... weiße Zeichen auf blauem Feld gibt es zahlreich, Vorschriften über Vorschriften, in der Stadt wie auf den Landstraßen.

Im Auto unterwegs

In Europa fährt man rechts; das sind alle gewohnt, außer die britischen Touristen, die zu Hause genau das Gegenteil praktizieren. Trotzdem müssen Autofahrer Schilder beachten, die sie mittels eines Richtungspfeils zwingen, die vorgeschriebene Spur zu benutzen.

Vorgeschriebene Vorbeifahrt rechts

In **Italien** ist es ein »klassischer« Pfeil.

In **Irland** füllt der Pfeil fast die Scheibe aus.

In **Schweden** zeigen zwei kurze Pfeile, dass die vorgeschriebene Fahrtrichtung links oder rechts ist.

Vorgeschriebene Fahrtrichtung links oder rechts

Kanada geht einen Sonderweg

Um die Sonderwege anzuzeigen, auf denen sich die betreffenden Verkehrsteilnehmer fortbewegen müssen, hat man sich in Kanada für einen grünen Kreis entschieden. Eine Begründung für diese Entscheidung lieferte das Verkehrsministerium. Ihm zufolge sind »die Symbole der Verkehrszeichen weitgehend standardisiert und richten sich nach den in der Provinz Québec gültigen Vorschriften, welche wiederum den internationalen Regelungen entsprechen«. Das Ministerium weist darauf hin, dass als Zeichen nach Möglichkeit leicht erkennbare schematisierte Silhouetten verwendet werden: Auto, Fahrrad, Fußgänger, Gleise etc. Wie besagtes Ministerium einräumt, müsse der Autofahrer aber auch Interpretationsarbeit leisten. In bestimmten, wenn auch sehr seltenen Fällen sei das Zeichen abstrakt und nur verständlich, wenn man über seine Bedeutung aufgeklärt wurde ...

Ein Fahrrad ist ein Fahrrad ... Eine Fehlinterpretation dieses Piktogramms ist so gut wie ausgeschlossen.

Vorgeschriebener Weg für Radfahrer

Die schwarze Raute stellt in **Kanada** den Transport gefährlicher Güter dar. Ein Symbol, dessen Bedeutung nicht jedem auf Anhieb klar ist!

Vorgeschriebener Weg für Gefahrguttransporte

Schutzbereiche für Fußgänger

Alle leiden unter den Abgasen der Autos, die Städte leiden besonders unter dem starken Verkehr. Weltweit sind die Stadtbewohner aufgerufen, sich umweltfreundlich zu Fuß oder mit dem Fahrrad fortzubewegen. Eine Vorreiterrolle spielten die nordischen Länder, aber auch bei uns wurden hierfür neue Verkehrsschilder erforderlich.

Grüne Zone

Sonderweg Reiter

Dieses Schild zeigt eine grüne Zone mit »besonderem Status« an: Sie ist ausschließlich für Fußgänger und für nicht motorisierte Fahrzeuge bestimmt.

Grüne Zonen können auch für Reiter freigegeben sein. In diesem Fall wird der Weg durch das Schild »Sonderweg Reiter« gekennzeichnet.

und Radfahrer

»Verkehrsberuhigte« Bereiche sind Zonen der Begegnung im öffentlichen Raum. Das hier abgebildete Zeichen steht für eine Straße, die für Fußänger, Radfahrer und langsame Fahrzeuge freigegeben ist.

Verkehrsberuhigter Bereich

Integrierter Fuß- und Radweg

Sonderwege

Um Unfällen zwischen langsamen und schnellen Verkehrsteilnehmern vorzubeugen und den Verkehrsfluss zu verbessern, haben die meisten Großstädte Sonderwege eingerichtet.

In **Finnland** kann man im Straßenverkehr auch Motorschlitten sehen. Sie verfügen über eigene Fahrstraßen.

Sonderweg für Reiter in **Griechenland**

Schneemobilstraße

Sonderweg Reiter

Frohe Weihnacht!

»Achtung, Geschenkschlag!«, »Bitte Weihnachtsbaum anzünden«, »10 % Gefälle, Schlitten, Vorsicht!« – diese Schilder entdeckten die erstaunten Einwohner, Fußgänger wie Autofahrer, der 2600-Seelen-Gemeinde Vieux-Charmont (Departement Doubs) am Heiligen Abend des Jahres 2006. Eine amüsante, von Künstlern gestaltete Initiative, die die Gemeinde 25 000 Euro kostete. Natürlich ging es um einen guten Zweck. Man hatte französische Künstler gebeten, die Ideen für die über-raschenden Kreationen zu entwickeln. Umgesetzt wurden die Konzepte dann von Frauen, die Schwierigkeiten bei der Arbeitssuche hatten.

Sonderweg für Fahrräder und Mofas in den **Niederlanden**, wo das Fahrrad König ist.

Anfang einer Schulbusstraße in **Schweden**.

→ Gleichberechtigung

Auch auf Verkehrsschildern wird der Kampf für die Gleichstellung der Geschlechter ausgetragen. So hat in Österreich die Gemeinde Wien beschlossen, diskriminierende Schilder zu verweiblichen oder zu vermännlichen. In Bussen werden auf den Tafeln über reservierten Plätzen bald Männer mit Babys auf dem Arm erscheinen, die Feministinnen wiederum haben es geschafft, auf den Piktogrammen der Fußgängerzonen und von »Notausgang«-Schildern Rock und Pferdeschwanz durchzusetzen.
Solche Initiativen finden Nachahmer. So soll die spanische Stadt Fuenlabrada bei Madrid beabsichtigen, 50 % der Verkehrsschilder des Gemeindebereichs mit weiblichen Figuren zu versehen. Da sich um die Erziehung der Kinder zunehmend auch die Väter kümmern, erscheinen seit kurzem auf den Fußgängerschildern mehrheitlich männliche Figuren.

→ In **Finnland** ist der Elternurlaub für Väter gang und gäbe. Es ist also völlig normal, wenn Männer mit den Kindern spazieren gehen.

Sonderweg Fußgänger

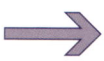 In den **Niederlanden** und vielen anderen Ländern sind die dargestellten Personen »unisex« geworden. Das Geschlecht des Erwachsenen und das des Kindes sind nicht eindeutig zu erkennen.

 In **Griechenland** ist ein Mann mit Kind auf dem Schild dargestellt.

 In **Deutschland** sind immer noch weibliche Figuren auf den Schildern zu sehen.

Beginn eines Fußgängerbereichs

Auf Reisen: eine internationale Sprache

Mit der Einführung des bezahlten Urlaubs, durch Erhöhung des Lebensstandards in den westlichen Ländern und die technischen Fortschritte im Personentransport (vor allem im Flugverkehr) erlebte der Tourismus einen enormen Aufschwung. Auf Reisen zu kommunizieren ist leichter geworden (Mobiltelefon, Notebook), sich im fremdsprachigen Ausland zurechtzufinden ist aber weit weniger leicht. Zum Glück gibt es Piktogramme, die uns auf Reisen informieren!

International verständliche Schilder

Richtzeichen weisen uns den Weg

→ Jedem Land sein Zeichen

Seidenstraße, Route 66, Route Napoléon ... die bloße Erwähnung dieser Bezeichnungen lässt uns im Geist auf Reisen gehen, so eng sind die Begriffe mit Vorstellungen über Landschaften und Besonderheiten der betreffenden Länder verknüpft. Drei weltbekannte Reiserouten, die uns an den Zauber des Orients denken lassen, an die Weiten Amerikas, an die Geschichte Frankreichs. Zahllose andere Straßen, die ganze Staaten durchqueren und uns das Reisen ermöglichen, bleiben viel allgemeiner, doch in der Gestaltung ihrer Richtzeichen kommt die Identität eines Landes deutlich zum Ausdruck.

→ »Freeway« in **Taiwan**. Diese Fernstraßen ähneln den amerikanischen Interstates, die die US-Bundesstaaten miteinander verbinden. Die Form des Schildes stellt eine Pflaumenblüte dar, das nationale Emblem des Landes.

Hinweis auf eine Fernverkehrsstraße

→ Ein heller Türkiston und drei Lilien markieren in **Kanada** die Nebenstraßen.

 Die Konturen des Staates Ohio in den **USA**.

 Der Trans-Canada Highway mit dem Ahornblatt, dem Emblem **Kanadas**.

 Mit diesem Schild zeigen **europäische Staaten** ihre Zugehörigkeit zur Europäischen Union.

Gebührenpflichtige Autobahn

Die Transkanadische Bundesstraße

Straßen in der EU

 In **Israel** werden Nebenstraßen durch ein schlichtes Achteck angezeigt.

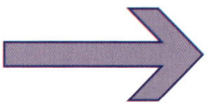 # Jedem Land seine Farbe

Weltweit hat man sich einigermaßen auf die Formen und Farben der Gefahr- und Verbotszeichen geeinigt, in Bezug auf die Straßentypen und die Richtungen ist das keineswegs der Fall. Einzige Übereinstimmung: Rot wird nur in Ausnahmefällen verwendet. Grüne, blaue oder weiße Schilder, wichtig ist letztlich, dass man weiß, ob man sich auf einer Autobahn, auf einer Haupt- oder einer Nebenstraße befindet. Dazu einige Hinweise!

Autobahnen: Grün oder Blau?

Dieses Zeichen kann man besonders leicht erkennen. Gleich welcher Farbe, man findet stets dasselbe Piktogramm vor: eine Doppelfahrbahn, über die eine Brücke führt. Als Bestätigung dafür muss man zumeist kurz danach vor einer Mautschranke halten, und dann steht zweifelsfrei fest: Man befindet sich auf einer Autobahn.

In **Finnland**

In **Griechenland**

Für Grün haben sich **Italien**, **Finnland**, **Belgien**, **Dänemark**, **Griechenland**, **Schweden**, die **Schweiz**, **Peru**, **Rumänien**, **Russland**, **Japan** und **Australien** entschieden.

In den **Niederlanden**

In **Deutschland**

In **Frankreich**

Blau haben gewählt: die Niederlande, Italien, Deutschland, Spanien, Frankreich, Großbritannien, Portugal, Luxemburg, Israel, Iran, Südafrika, Albanien, Polen, Vereinigte Arabische Emirate und Chile.

Die ersten Wegweiser

In der englischen Grafschaft Gloucestershire kann man an einer Straßenbiegung einen *fingerpost* bewundern, und zwar den ältesten noch erhaltenen Wegweiser aus dem Jahr 1669! Er zeigt den Weg nach Oxford, Warwick und Gloucester an.

Wortwörtlich bedeutet der Ausdruck »Pfosten mit Fingern«. Gemeint sind Zeigefinger, die jeweils in eine andere Richtung weisen. Eine ausgezeichnete Idee, die kurz darauf von Deutschland übernommen wurde, während Frankreich sich davon anregen ließ, um eigene Wegweiser zu entwickeln.

Hauptstraßen: Grün, Blau und Gelb!

Auf National- oder Bundesstraßen verweist kein Piktogramm, sondern es verweisen eine Farbe, ein Pfeil, Namen und Zahlen. All das für die gleiche Art von Straße! Man muss genau hinsehen!

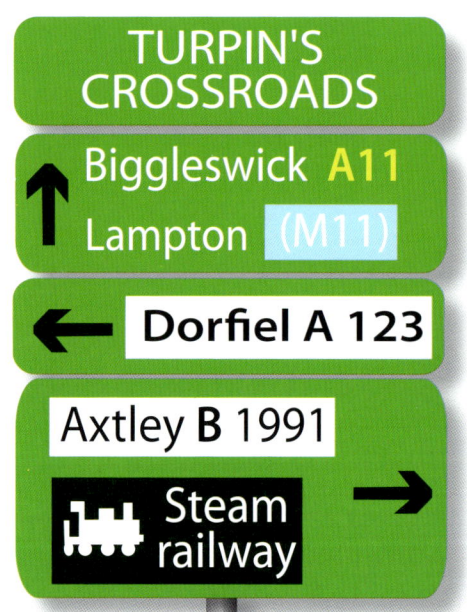

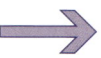 **Großbritannien** hat sich für Grün entschieden, ebenso **Spanien**, die **USA**, **Portugal** und **Kanada**. **Frankreich** folgte 1982, vorher hatten diese Schilder ein weißes Feld.

Blau findet man in **Schweden**, der **Schweiz**, **Italien**, **Griechenland**, **Finnland**, den **Niederlanden** und **Belgien**.

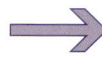 Gelb sind die Schilder in **Deutschland** und **Luxemburg**.

Umleitungen und Ausweichmöglichkeiten

 Für überlastete Autobahnen in der Urlaubssaison gibt es in **Frankreich** mehrere Lösungen, vor allem in der Zeit der Sommerferien, wenn der große Verkehrslenker »Schlauer Bison« die Straßen rot einfärbt ... Wählt man die mit »bis« bezeichneten Ausweich- oder Entlastungsrouten, so muss man längere Strecken zurücklegen, erspart sich aber lange Staus.

 Gelb wird auch in **Deutschland** und **Italien** verwendet, um eine Umleitung anzuzeigen, die beispielsweise durch Straßenarbeiten oder einen schweren Unfall erforderlich wurde.

Jedem Land seine Nummerierung

Formen, Farben, Layout – bei Hinweisen auf Straßentypen ist alles erlaubt, solange eine landesspezifische Nummer darauf steht.

 In **Kroatien** ähneln die Schilder für Staatsstraßen polizeilichen Kfz-Kennzeichen.

 In **Japan** weist eine zweisprachige Aufschrift in dunkelgrünem Feld auf Schnellstraßen hin.

 In **Südafrika** findet man eine originelle Form und einen einzigen Buchstaben vor (N steht für »Nationalstraße«). Einfach und informativ!

 In **Mexiko** ist das Zeichen für Schnellstraßen ein Schild in Wappenform.

  Europastraße in **Italien**. Minimalistisch: E für »Europa« und die entsprechende Nummer – unromantisch, aber effizient.

  Interstate-Autobahn in **Kalifornien**.

  Staatsstraße in New-Jersey in den **USA**.

Die USA verfügen über ein ausgedehntes Straßennetz

Die Autobahnen werden auf zweierlei Arten nummeriert: Die in Nord-Süd-Richtung verlaufenden werden mit ungeraden Zahlen (von I–5 entlang der Pazifikküste bis I–95 entlang der Atlantikküste), die in Ost-West-Richtung verlaufenden mit geraden Zahlen bezeichnet (von I–8 entlang der mexikanischen bis I–94 entlang der kanadischen Grenze.) Auf die gleiche Art und Weise werden übrigens auch die meisten Bundes- und Staatsstraßen nummeriert.

 # Eine Gegend vom Auto aus entdecken

Kann man sich denn zerstreuen oder gar bilden, ohne das Lenkrad loszulassen? Ja, man kann. Es reicht, auf die so genannten Touristenschilder zu achten, die der Monotonie entgegenwirken und uns in Trivial Pursuit unschlagbar machen.

 In **Finnland** verweist dieses Autobahnschild auf die Nähe einer Stadt.

Stadtgebiet

 Industriegebiet in **Schweden**. Touristisch interessant? Nein, aber in allen europäischen Ländern wird darauf hingewiesen. Man will die Autofahrer dazu animieren, einen Halt einzulegen und in Kaufhäusern auf Shoppingtour zu gehen.

Industriegebiet

Reiserouten für Touristen

In zahlreichen Ländern säumen touristische Schilder die Straßen und Autobahnen. Sie spielen eine wichtige Rolle für die Entwicklung des Fremdenverkehrs in der jeweiligen Region.

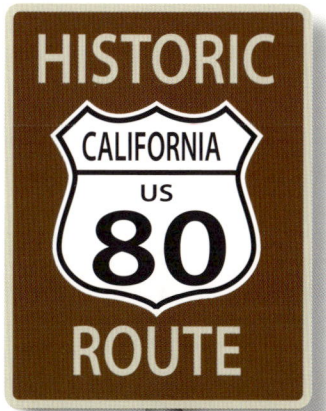

 Diese Straße führt nach San Francisco, eine multiethnische Stadt im Herzen Kaliforniens in den **USA**.

Touristische Autostraße

Weitwanderweg

 Der König-Ludwig-Weg in **Deutschland** folgt den Spuren von Ludwig II. von Bayern. Der 120 Kilometer lange Wanderweg führt von Starnberg (Oberbayern) nach Füssen (Allgäu).

 13 Ferienstraßen wie die *Route des Baleines, Route de la Nouvelle France, Route des Frontières, Route des Montagnes, Route des Navigateurs* erwarten den Autofahrer in der kanadischen Provinz **Québec**. Die 1999 eingeführte Ausschilderung hat den Zweck, Touristen auf Landschaften und Aktivitäten aufmerksam zu machen, die einen Umweg wert sind. Die 880 Kilometer lange Wal-Route verläuft am Nordufer der Mündung und des Golfs des Sankt-Lorenz-Stroms und führt durch die malerischen Regionen Manicouagan und Duplessis mit ihren Sehenswürdigkeiten und Möglichkeiten zu Bootsfahrten, auf denen man die Meeressäuger beobachten kann.

 Diese Blüte zeigt in **Schweden** eine touristische Route an.

 Ein völlig neuartiges Schild in **Großbritannien**: »Holiday Road«. Eine Ferienstraße kann nur Schönes bieten.

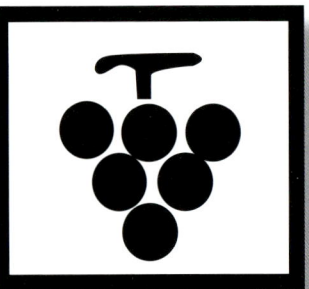 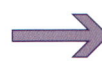 In **Frankreich** weist dieses Piktogramm auf Weinberge hin.

Weinstraßen

In Frankreich entstand die erste beschilderte Weinstraße in den 1950er-Jahren im Elsass. Wer heute als Tourist durch Frankreich fährt, wird entdecken, dass es mittlerweile ein Dutzend Weinstraßen gibt: im Bordelais, in der Champagne, in Burgund, im Languedoc, im Jura, im Loiretal, im Beaujolais ... Korsika nicht zu vergessen! In Québec führt eine Weinstraße in den Osten der Provinz, wo man die Weine von Brome-Missisquoi verkosten kann! Italien hat sogar 142 Weinstraßen zu bieten! Eine der wichtigsten liegt in der Toskana in der Chianti-Region.

Sehenswürdigkeiten

Schloss, Kathedrale, Turm ... die für die Darstellungen auf den Touristikschildern verantwortlichen Grafiker sind wahrscheinlich diejenigen Künstler, deren Werke am meisten gesehen aber deren Namen den Betrachtern am wenigsten bekannt sind. Ein Beispiel dafür ist Philip Collier, ein Experte für Grafik und Signaletik.

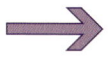 In **Frankreich** und **Deutschland** sind die Schilder in einem erdigen Braun gehalten. Diese Schilder weisen auf architektonische Sehenswürdigkeiten hin.

Sehenswürdigkeit

 Touristische Sehenswürdigkeit (oben) und Naturschönheit (unten) in **Finnland**. Die beiden Logos sollte man nicht verwechseln, je nachdem, ob man auf Ruhe oder auf Trubel aus ist.

Architektonische Sehenswürdigkeit

Naturschönheit

Tank- und Kaffeepause

An den Ferienstraßen wird alles dafür getan, damit die Fahrt so angenehm wie möglich verläuft. Vorbei ist die Zeit, in der die Raststätten Tankstellen waren, an denen man fade Sandwiches kaufen konnte. Heute sind sie mit Picknick- und Spielplätzen, Restaurants und touristischen Informationszentren ausgestattet.

 In **Finnland** liefert dieses kleine Viereck ein Höchstmaß an Information.

 In **Großbritannien** zeigt dieses Schild sämtliche verfügbaren Dienstleistungen an, darüber prangt der Hinweis »Gutes Essen«!

 In den **Niederlanden** ist unter den angebotenen Dienstleistungen auch der Name der Raststätte zu sehen.

Auf Reisende, die Erholung an der frischen Luft brauchen, warten praktische und gastliche Picknickplätze.

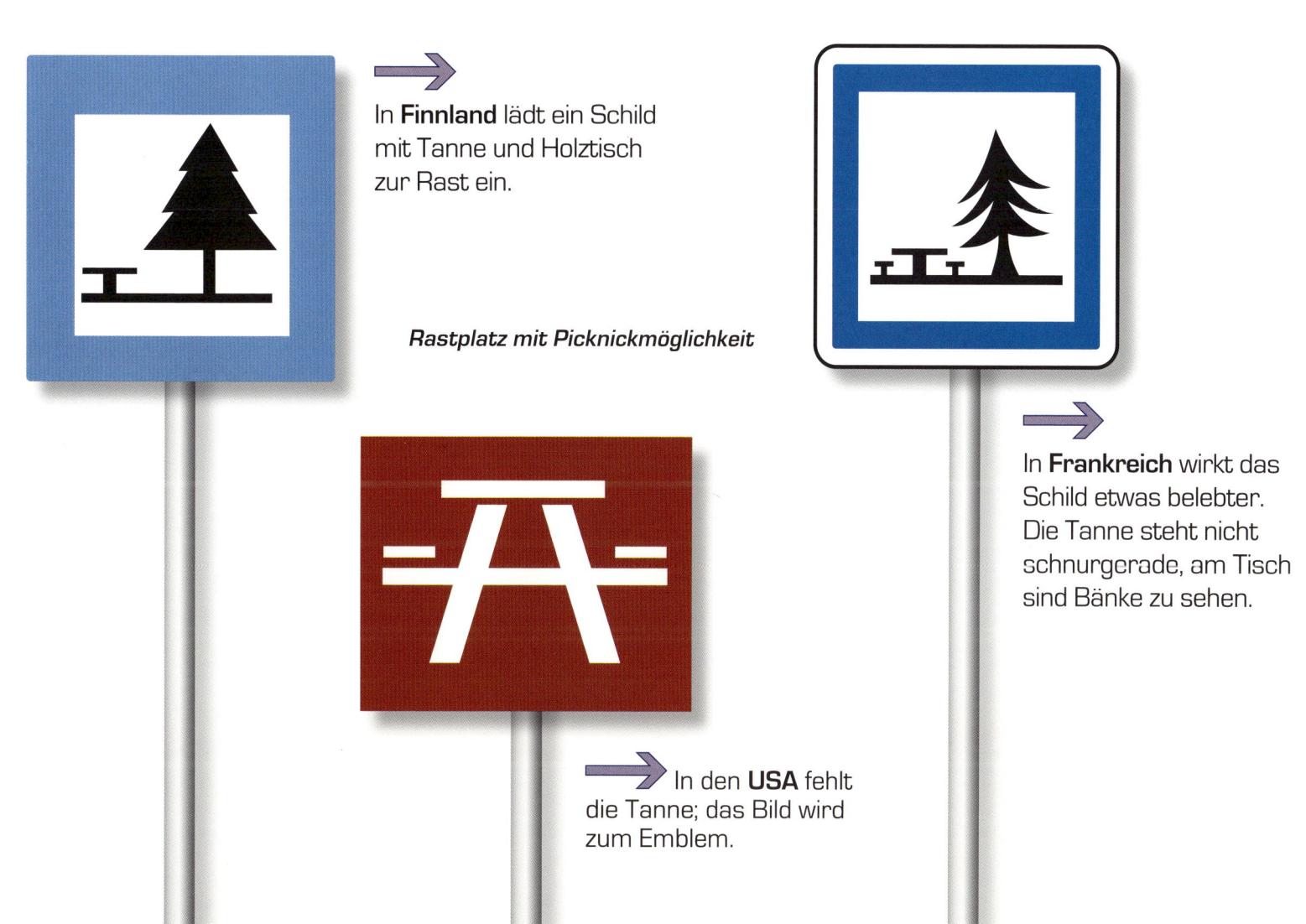

In **Finnland** lädt ein Schild mit Tanne und Holztisch zur Rast ein.

Rastplatz mit Picknickmöglichkeit

In **Frankreich** wirkt das Schild etwas belebter. Die Tanne steht nicht schnurgerade, am Tisch sind Bänke zu sehen.

In den **USA** fehlt die Tanne; das Bild wird zum Emblem.

Orientierung auf Flughäfen und Bahnhöfen

Damit Reisende ihr Ziel in fremden Umgebungen erreichen, benötigen sie Schilder, die ihnen den Weg zum Flugplatz, Hafen oder Bahnhof weisen.

Schilder weisen den Weg

Flugzeug, Zug, Schlafwagen, Fähre – um ans Ziel zu kommen, muss man nur die Schilder beachten – grüne in Kanada, hellblaue in Finnland, nachtblaue in Schweden, weiße in Frankreich. Und schon geht es an Bord!

Flughafen

In **Finnland** werden Flughäfen durch ein himmelblaues Schild angezeigt. Himmelblau sind hier alle Hinweisschilder, doch bei diesem passt es besonders gut. Man fühlt sich fast in die Wolken versetzt.

Fähre

Wer mit dem Auto nach **Schweden** reisen will, tut dies am besten auf einer Fähre und kann hierbei zwischen zahlreichen Schifffahrtsgesellschaften wählen. Insbesonders viele Fährverbindungen gibt es von Deutschland nach Dänemark.

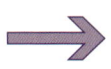 In **Frankreich** weist dieses Schild auf eine Autofähre hin.

Autofähre

 In Ontario in **Kanada** zeigt dieses Schild den Weg zum Bahnhof an.

Bahnhof

 Das **französische** Piktogramm zeigt Bett und Auto im Inneren eines Zugwaggons.

Autoreisezug

 In **Frankreich** findet der Reisende ein naturalistisches und leicht verständliches Piktogramm vor.

# Wayfinding oder sich in der Fremde zurechtfinden

Bei der Gestaltung öffentlicher Räume machen sich die Designer Gedanken über das so genannte *Wayfinding*. Diesen Begriff schuf der Architekt Kevin Lynch 1960 für sein System zur Orientierung, Identifizierung und visuellen Information an einem bestimmten Ort. Lynchs System erfüllt drei Kriterien: Erstens muss es dem Raumnutzer die einfache Frage beantworten: »Wo bin ich?« Zweitens muss es ihm ein mentales Bild des Raumes vermitteln, in dem er sich befindet, und ihm drittens ermöglichen, eine Richtungsentscheidung zu treffen. Für derartige Leitsysteme gibt es zwei Möglichkeiten: Farben und Piktogramme.

Drei Farben auf den Pariser Flughäfen

 2009 wurden auf den Pariser Flughäfen mehr als 10 000 Schilder ersetzt, eine gigantische leittechnische Erneuerung, vorbereitet in langen Studien, aber auch durch eine genaue Beobachtung der Menschenströme auf internationalen Flughäfen. Diese Vorarbeiten führten zu folgenden Innovationen:

Erstmals wurden die Orientierungstafeln in drei Farben gestaltet. Zweck: Erhöhung der Lesbarkeit und Hierarchisierung der Information. Jede Farbe entspricht einer Art von Fluggästen: Abreisende oder Zwischengelandete folgen dem dunkelblauen Schild, Ankommende dem hellblauen, nach Dienstleistungen und Einkaufsmöglichkeiten Suchende dem orangefarbenen.

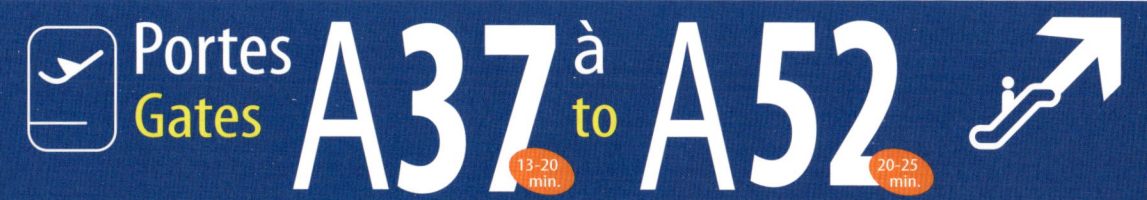

Auf den Pariser Flughäfen sind die Schilder mit Zeitplanern versehen. Sie zeigen den Fluggästen an, wie viel Zeit sie benötigen, um von ihrem Standort zur gewünschten Stelle zu gelangen. Sie können sich somit die Zeit besser einteilen und die am Airport angebotenen Dienstleistungen in Anspruch nehmen.

Irrwege auf dem größten Flughafen der Welt

Mit einer Fläche von einer Million Quadratmetern ist der Pekinger Flughafen der größte Flughafen der Welt. Kurz nach seiner Eröffnung verloren hier täglich Tausende von Reisenden die Orientierung und verirrten sich. Der Grund? Eine übermäßig detaillierte Beschilderung mit ganzen 16 Farben, die über alle möglichen Abstufungen von Rot bis Gelb gingen. Seit der Korrektur dieses Systems ist die Reiseführung wesentlich besser: Zurzeit verirren sich pro Tag nur noch etwa 300 Personen …

International verständliche Piktogramme

In den **USA** starten und landen auf dem internationalen Airport Hartsfield-Jackson in Atlanta jährlich mehr als 87 Millionen Menschen. Mit diesen hohen Besucherzahlen ist der Flughafen einer der wichtigsten der Welt, gefolgt von Heathrow bei London (66 Millionen) und Peking (65 Millionen). An solch internationalen Begegnungsorten sprechen Piktogramme eine für alle verständliche Sprache.

Die in öffentlichen Einrichtungen, den Flughäfen, Bahnhöfen, aber auch Hotels verwendeten Piktogramme sind oft stilisierte Darstellungen von Personen, die typische Tätigkeiten ausführen, oder zeigen Tätigkeiten durch damit verbundene Gegenstände an, wie einer brennenden Zigarette oder einer Tasse Kaffee.

→ Wartebereich auf dem Flughafen Kunming in **China**. Die Bedeutung des Schilds wird durch die Uhr deutlich gemacht.

Wartehalle

→ Die meisten internationalen Flughäfen stellen Gläubigen einen Gebetsraum für die innere Einkehr zur Verfügung.

Gebetsraum

→ In **Frankreich** verfügen die größten Flughäfen über einen Arbeits- und Konferenzbereich für Geschäftsreisende.

Konferenzsaal

 In **China** wirken bestimmte Schilder auf ausländische Reisende verblüffend, so auch dieses in einem Zug angebrachte Zeichen. Zum Glück trägt es eine chinesische und eine englische Aufschrift, die erklärt: Spucken verboten!

Wo sind die Toiletten?

In Québec in **Kanada** fragt man höflich nach der »Schüssel«, in **Belgien** nach dem »Hof«, in Bayern nach dem »Lokus«. Damit aber ein Tourist aber auch am anderen Ende der Welt erfolgreich nach dem stillen Örtchen suchen kann, musste ein universeller Ausdruck gefunden werden: Die Abkürzung »WC« und die Piktogramme Dame/Herr sind heute bei allen Völkern und in allen Ländern gebräuchlich. In Europa und den meisten anderen Ländern der Welt sind beide Darstellungsarten üblich. Aufschrift oder Bild – Nachricht verstanden! (Die Unterscheidung der Geschlechter reicht als Information völlig aus, es handelt sich um den einzigen Ort, den man nicht zu zweit aufsucht.)

In **Finnland**

 In **Frankreich**

Öffentliche Toiletten

 In **Bombay** ist die Aufschrift zweisprachig. Damit man auf keinen Fall die Tür verwechselt, trägt das Schild noch eine eindeutige Zeichnung: Es handelt sich um die Damentoilette.

 In **Schweden** wird auf öffentliche Toiletten auf sehr nette Art hingewiesen. Die Holztür mit dem Herz lässt niemanden über die Intimität dieses Örtchens im Zweifel.

 Im **Iran** trägt die Frau ein Kopftuch, die Aufschrift ist zweisprachig.

Öffentliche Toiletten

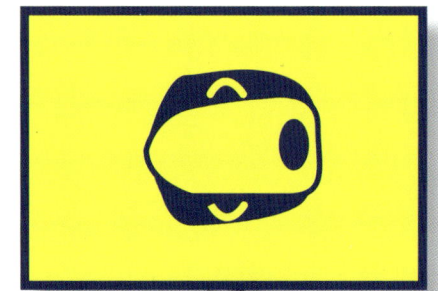 Die Darstellung der Toiletten gibt Aufschluss über die Kultur eines Landes. In **Japan** bieten die Toiletten allerneuesten Typs in bester Hi-Tec-Tradition verschiedene Wahlmöglichkeiten (beheizte Brille, Wasserstrahl ...), während in anderen Gegenden die europäischen Toiletten (im Gegensatz zu Stehaborten) ein Zeichen des Reichtums sind. Auf diese Weise wird die Bedeutung dieses Schilds klar, das in einem großen Hotel in Kunming in China angebracht ist.

Eine kleine Stärkung gefällig?

Eine kleine Stärkung ist Reisenden oft sehr willkommen. Um einen Schnellimbiss, ein Café oder ein Restaurant anzuzeigen, gibt es nichts Besseres als ein Symbol, das den Appetit anregt … und direkt dem Isotype-Alphabet entstammt. Dieses nichtverbale Zeichen-Alphabet ist das erste internationale System der Bildsprache und wurde 1920 von dem Grafiker Gerd Arntz und dem Philosophen Otto Neurath entwickelt. Allen verständlich und ohne diskriminierende Elemente beruht es auf Piktogrammen, die heute weltweit für die Beschilderung des öffentlichen Raums im Rahmen der internationalen Kommunikation verwendet werden.

  In den **USA** lassen Gabel und Messer in ihrer strikten Geradheit nicht an einen schlichten Imbiss denken, sondern an ein feines Restaurant.

 In **Korea** wurde die Gabel durch Stäbchen ersetzt, wie sie in Asien üblich sind.

 In **Frankreich** ist das Besteck gekreuzt. Wirkt das einladender? Jedenfalls kündigt die Größe der Gabel ein üppiges Mahl an.

 In **Deutschland** und **Italien** zieht man das Messer dem Löffel vor. Und wieder ist das Besteck gekreuzt!

 # Wie kommt man zum Ausgang?

Auf Flughäfen und Bahnhöfen sieht man drei Kategorien von Reisenden: die Treppensteiger (mit ihrem Trolley, den sie hinter sich her ziehen, nicht gerade zahlreich), die Laufbandfahrer und die Liftbenutzer.

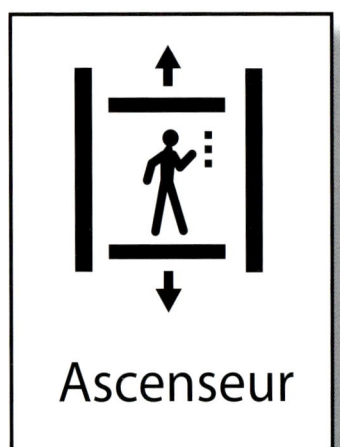

 In **Frankreich** ist es ein Mann zwischen zwei Pfeilen. Hinauf oder hinunter?

In den **USA** ist die Aufzugskabine dargestellt (mit einer Frau zwischen zwei Männern!). Zwei entgegengesetzte Pfeile zeigen die möglichen Richtungen an.

 In North Carolina in den **USA** wird man gebeten, die Treppe nicht auf dem Po hinunterzurutschen.

Nicht auf dem Handlauf hinunterrutschen! *Den Fuß nicht zwischen Stufe und Handlauf stecken!* *Den Koffer nicht auf den Stufen abstellen!* *Sich am Handlauf festhalten!* *Kinder auf der Rolltreppe an die Hand nehmen!*

 Sicherheitshinweise (und Verbote) für die Benutzung von Treppen und Rolltreppen in **Hongkong**.

  Dieses Schild kennzeichnet die Treppe einer Unterführung in **Korea**.

 So wird eine Treppe in **Schweden** ausgeschildert.

 In **Deutschland** sieht die Treppe steiler aus.

Endlich am Ziel!

Sobald das Reiseziel erreicht ist, möchte man sich schnell zurechtfinden, um den Aufenthalt optimal gestalten zu können.

 Orientierung in der Stadt

Fremdenverkehrsamt, Post, Bank, Supermarkt ... all das braucht man im Urlaub in einer fremden Stadt. Um sicher den Weg ins Zentrum zu finden, muss man nur den Schildern folgen, das Schild »Alle Richtungen« kann man unmöglich verfehlen: Von dort geht es dann zum Parkplatz und zum Hafen, rechts zum Gemeindeamt usw. Aus Zwecken der Übersichtlichkeit darf auf ein und demselben Pfosten nur eine bestimmte Zahl von Schilder angebracht sein. So wird außerdem unnötige Werbung verhindert.

Ins Zentrum

So sieht ein Radfahrweg ins Zentrum in **Schweden** aus.

So wird man in Boston in den **USA** ins Zentrum geführt.

Richtungshinweise in **Singapur**

Touristeninformation!

Um alles über Ausflugsfahrten, Museen, Unterbringung usw. zu erfahren, gibt es nur eins: das Fremdenverkehrsamt oder die Touristeninformation!

 Touristeninformation in **Finnland**. Das Dach zeigt, dass es kein offener Stand ist. Sehr praktisch bei Regen!

Touristeninformation

 So sieht das Info-Zeichen in **Südkorea** aus.

 In **Großbritannien**, genau wie in **Finnland**, **Frankreich** und **Deutschland** steht ein »i« für Information.

→ In den **USA** (hier) oder in **Kanada** hat man sich für das Fragezeichen entschieden.

81

Willkommen!

Egal ob hohe oder niedrige Übernachtungszahlen, die Begrüßung ist in sämtlichen Städten ein Muss!

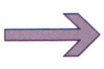 In **Québec** hat man ein Gefühl für Gastlichkeit.

 In **Nordirland** wirkt das Schild sehr nüchtern, dafür heißt es den Besucher auf Irisch und Englisch willkommen.

 In der Kabylei in **Algerien** ist das Schild dreisprachig, um allgemein verständlich zu sein: arabisch, berberisch und französisch.

Jedem seine Unterkunft

Am Ziel angelangt, muss man zuerst einmal sein Gepäck abstellen und eine Übernachtungsmöglichkeit finden. Hotel, Motel, Campingplatz, Jugendherberge – alle haben ihr eigenes Symbol!

 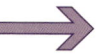 In **Großbritannien** zeigen Zelt und Wohnwagen einen Campingplatz an.

 In **Schweden** haben Campingplatzschilder ein Zelt in Form eines Tipis.

 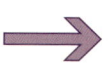 Ein gutes Bett unter einem richtigen Dach. In **Frankreich** zeigt dieses Schild Zimmer mit Frühstück oder ländliche Unterkünfte an.

 In **Deutschland** wirkt das Bett nicht weniger einladend, weist hier aber auf ein Autobahnhotel hin.

Es lebe das Wohnmobil!

Seit den 1990er-Jahren erleben Campingbusse und Wohnmobile einen Aufschwung ohnegleichen! In Europa soll es an die 500 000 Menschen geben, die mit diesen mobilen Unterkünften in den Urlaub fahren, 200 000 schon allein in **Frankreich**, das neben **Deutschland** und **Italien** zu den Spitzenreitern zählt. Aber auch **Spanien**, **Norwegen**, **Finnland** und **Portugal** stehen im Bann dieses Transportmittels, das Freiheit mit Komfort verbindet. Eine Entwicklung, in deren Folge spezielle Serviceformen entstanden sind.

In **Italien** bedeutet dieses Schild »Grauwasserentleerung« (Spülabwässer). Man findet auch Piktogramme mit der Bedeutung »Schwarzwasserentleerung« (Toilettenabwässer). Dieses Schild verweist auf das Angebot von Stromanschluss, Trinkwasser und allem, was für Camper wesentlich ist!

Grauwasserentleerung

Lust auf eine Tasse Kaffee?

Nach einer langen Fahrt, wenn die Zeitdifferenz die Müdigkeit noch steigert oder wenn man einfach eine Pause einlegen will, bevor man sich daranmacht, seinen Urlaubsort zu Fuß zu erkunden – es lebe der Service!

  In **Korea** zeigt eine dampfende Teetasse aus weißem Porzellan an, dass man hier das Nationalgetränk genießen kann.

 In **Deutschland** verweist dieses Schild auf ein Café mit Heißgetränken.

  In **Frankreich** ähnelt das Symbol der Tasse, aus dem man in Cafés oder Caférestaurants einen »kleinen Schwarzen« trinkt.

 Dusche in den **USA** ... und Siesta in **Frankreich**? Nein, diese Schilder zeigen ein Hotel an.

Es lebe der Freizeitspaß!

Für Urlaub und Ferien legen sich manche schon vor der Abreise ihr Programm zurecht, andere stürzen sich nach der Ankunft in die Lektüre des Reiseführers, wieder andere setzen auf Improvisation und lassen sich auf der Fahrt von Schildern anregen. Ein erfrischendes Bad gefällig oder ein Ponyritt?

Freizeitzentrum

In **Frankreich** kommen zu den Angeboten der jeweiligen Region noch Freizeitzentren mit speziellen Angeboten hinzu. Sie liegen meist in den Bergen oder ländlichen Gegendenden.

Schwimmbad

In **Frankreich** weist dieses Schild auf Schwimm- oder Erlebnisbäder hin – willkommene Einrichtungen für alle, die ihre Ferien nicht am Meer verbringen.

Reitzentrum

 In **Frankreich** zeigt dieses Schild an, wo uns ein Reitzentrum oder Ausritte mit Pferden oder Ponys erwarten.

Tourismus: Vive la France!

Frankreich ist das beliebteste Touristenziel der Welt. 2009 kamen 74 Millionen Besucher, 27 Millionen allein schon nach Paris. Frankreich kommt somit vor Spanien und den USA. Besonders beliebt ist es als Reiseziel bei seinen deutschen, belgischen und britischen Nachbarn. Auch zahlreiche Amerikaner, Japaner und Mexikaner reisen nach Frankreich und besuchen Notre-Dame de Paris (das meistbesuchte Ziel) oder den Flohmarkt in Saint-Ouen.

Auf den Spuren des Kulturerbes

Schluss mit dem Sonnenbaden, es lebe der Bildungsurlaub! Er scheint der neue Trend im Tourismus sein: Alle wollen das kulturelle Erbe einer Region entdecken bzw. wiederentdecken: Ruinen, eine Kirche, ein malerisches Dorf, ein Themenmuseum … Die touristischen Hinweisschilder überbieten einander mit Piktogrammen. Es geht darum, Feriengäste anzulocken!

→ Sehenswerte Kirche in **Italien**. Das Kreuz ist eindeutig.

→ Museen oder Baudenkmäler werden in **Finnland** weiß auf braunem Feld dargestellt.

Historisches Monument

→ Hier hat **Belgien** herrliche Ruinen zu bieten.

Kulturgüter

Es handelt sich um die architektonischen Schätze des Landes, aber die auf sie verweisenden Symbole sind oft völlig abstrakt.

 In **Finnland** ist das Zeichen rein grafisch. Wer als Erster erkennt, was es genau darstellt, wird um Auflösung gebeten.

 In **Schweden** steht dieses Symbol für ein zu den nationalen Kulturgütern zählendes Baudenkmal.

Historisches Monument

 In **Frankreich** bezeichnet dieses Piktogramm eine auf die Liste der historischen Monumente gesetzte Sehenswürdigkeit. Es stellt das Labyrinth der Kathedrale Notre-Dame in Reims dar.

Weitere grafische Kuriositäten

Nicht nur Museen, Kathedralen und Schlösser sind einen Besuch wert! Die Kreativitätswelle ist noch nicht abgeebbt. Man bestaune diese neuesten Schilderkreationen!

Bemerkenswerter Garten

Dieses Schild verweist in **Frankreich** auf einen Park, der vom Ministerium für Kultur mit der Bezeichnung »Bemerkenswerter Garten« ausgezeichnet wurde.

Sensibler Naturbereich

Dieses Schild bedeutet ein Informationszentrum in einem »sensiblen Naturbereich«. Der gepunktete Kreisbogen stellt die Anfälligkeit des Gebiets dar.

Musée de France

Dieses Schild bezeichnet ein Museum, das die im Januar 2002 per französischem Gesetz geschaffene Bezeichnung »Musée de France« trägt.

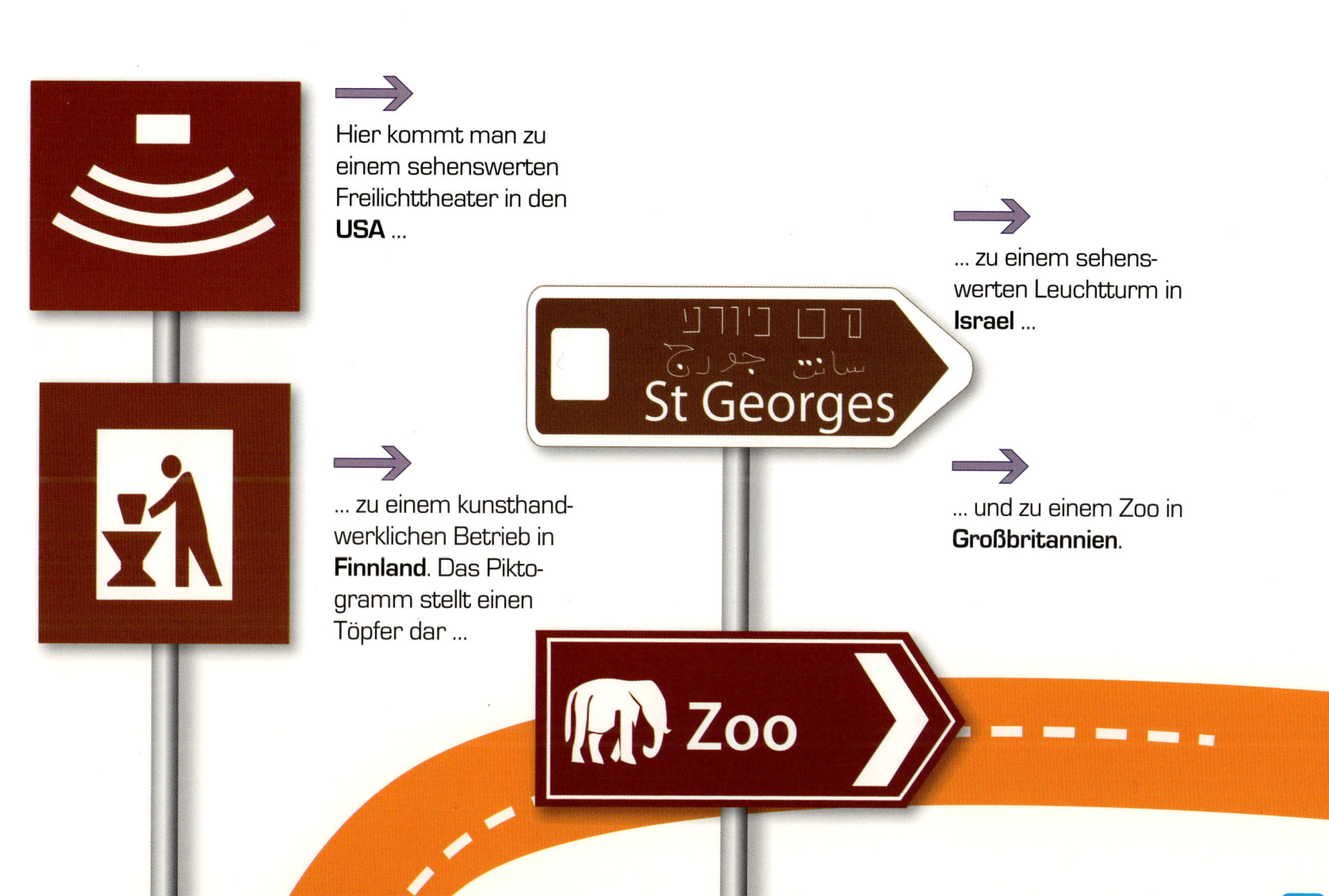

→ Hier kommt man zu einem sehenswerten Freilichttheater in den **USA** ...

→ ... zu einem kunsthandwerklichen Betrieb in **Finnland**. Das Piktogramm stellt einen Töpfer dar ...

→ ... zu einem sehenswerten Leuchtturm in **Israel** ...

→ ... und zu einem Zoo in **Großbritannien**.

Der Zauber der Berge. Es lebe das Wandern!

Wandererparkplatz

 In **Deutschland** sehen die Wanderer mittlerweile anders aus. Auf diesem alten Schild trägt der Mann noch einen Hut, die Frau einen Rock bzw. ein Kleid.

In **Schweden** wirken die Wanderer abgehärtet und entschlossen in dieser geschlechtlich neutralen Grafik.

 Ausgangspunkt eines Wanderwegs in **Frankreich**. Madame marschiert im Rock und ohne Rucksack, Monsieur trägt traditionellerweise das Gepäck und geht voran.

 In den **USA** ziert das Schild ein einsamer Wanderer.

Ausgangspunkt eines Wanderwegs

Winterausrüstung ist vorgeschrieben

 In **Frankreich** verweist dieses 1973 eingeführte Schild auf die Verpflichtung, mindestens zwei Antriebsräder mit Schneeketten oder Winterreifen auszurüsten.

In der **Schweiz** zeigt dieses Schild Pisten und Bereiche an, die wegen Lawinengefahr gesperrt sind.

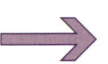

In den **USA** findet man am Lifteinstieg folgende Schilder: Das erste betrifft die Stockschlaufen, das zweite den Bodenabstand beim Einstieg in Sessellifte, das dritte ist ein Einstiegsverbot, das vierte zeigt eine Nothaltevorrichtung an.

Hände während der Liftfahrt nicht in den Stockschlaufen lassen!

Einstiegshöhe zirka fünf Zentimeter

Einstieg verboten

Immer genauere Hinweisschilder bei den Wintersportarten

Die Olympischen Spiele haben wesentlich zur Verbreitung einfacher Piktogramme beigetragen, die heute Dienstleistungen auf Bahnhöfen und Flughäfen anzeigen, aber auch die Förderung bestimmter Sportarten.

Erste Schilder wurden erstmals für die Olympischen Spiele 1948 in London entwickelt; in erster Linie waren es noch Bilder oder sogar Zeichnungen. Die eigentliche Premiere der simplen Form und des minimalistischen Stils feierten die Piktogramme 1964 in Tokio. Von da an wurde ihre Verwendung bei den Olympischen Spielen zur Regel, auch wenn manche Länder von den Grundregeln abwichen, um ihre nationale Identität formal mehr einzubringen. Diese Tendenz zeigte sich bei den Winterspielen 1994 in Lillehammer, wo in den Piktogrammen der Einfluss der Felszeichnungen Nordnorwegens erkennbar war.

Langlauf

Snowboarden

Alpiner Skilauf

Diese Piktogramme stellen drei bei den Olympischen Winterspielen 2010 in Vancouver vertretene Disziplinen dar. Anders als die in den europäischen Wintersportorten üblichen Symbole, die sich an ein breites Publikum wenden, wirken diese Figuren sehr athletisch.

Skilanglaufstrecke und ...

... Schneeschuhwanderweg in **Frankreich**

 Rodelbahn in den **USA**

 Talstation eines Sessellifts in **Frankreich** (oben) und Schlepplift in **Schweden** (unten)

Es lebe der Strand!

 Dies ist vielleicht **Frankreichs** beliebtestes Schild und steht für Strandurlaub, Sonne, Sand und Meer. Eingeführt 2008, wirkt der Badeurlauber mit seinem Sonnenschirm bereits jetzt ein wenig veraltet: Heute bräunt man sich weniger am Strand, sondern widmet man sich insbesondere den Wassersportaktivitäten. Klarerweise muss man sich dabei an die Regelungen halten.

Für Wassersportler

Windsurfer, Segler, Surfer, Jet- und Motorboote, Aquaskipper haben alle ihren eigenen Bereich.

→ Uferrampe für das Zuwasserlassen kleiner Boote in den **USA**

→ Fahrverbot für Motorboote (in Richtung des Pfeils rechts) in **Kanada**

→ Verbot für Jetboote in **Frankreich**

Trendsportarten

Auch für Wassersportarten, bei denen man sich ziehen lässt – Wakeboarding, Wakeskating, Wasserski, Kitesurfen –, gelten Vorschriften, genau wie für den Schwimm- und Tauchsport, nicht zu vergessen das Fischen.

Wasserski in den **USA**

»Fischen verboten« in **Frankreich** (oben links),
»Angelgewässer« in **Norwegen** (oben rechts)

Sprung- und Tauchverbot (oben links),
»Tauchen gestattet« in den **USA** (oben rechts)

Strand ja, aber ...

In Frankreich werden diese Flaggen an überwachten Stränden aufgezogen, um den Feriengästen die Badebedingungen anzuzeigen. Sie sind zumeist auch auf den Hinweisschildern der Rettungsstellen zu sehen.

→ Gewitter, starker Wind, hohe Wellen, striktes Badeverbot

Badeverbot

Vorsicht!

→ Unter dem wachsamen Blick der Rettungsschwimmer ist das Baden erlaubt, zur eigenen Sicherheit sollte man aber in der Nähe des Ufers bleiben.

→ Das Meer ruhig, Retter einsatzbereit, das kühlende Nass erwartet uns!

Keine Gefahr

Kleiderordnung beachten!

In manchen Ländern herrschen strenge Badeverordnungen, so auch in Kroatien. Auf der Rijeka vorgelagerten Touristeninsel Krk haben Touristen, die in Badekleidung durch die Gassen des mittelalterlichen Städtchens Vrbnik flanierten, den Zorn der örtlichen Priester erregt. Letztere forderten, auf der Insel »Keuschheitszonen« einzurichten. Die Gemeinde reagierte darauf umgehend mit entsprechenden Verbotsschildern. Sie zeigen ein Paar in Badekleidung, durch das ein roter Balken verläuft. Da in Kroatien 80 % der Bevölkerung praktizierende Katholiken sind, ist die Kirche hier noch sehr einflussreich.

Baden verboten!

In **Frankreich** existieren verschieden Piktogramme, die ein Badeverbot oder eine Badeerlaubnis anzeigen: ein durchgestrichener Schwimmer oder eine aus dem Wasser ragende Hand für das Badeverbot, weiße Figuren mit Wasserball in grünem Feld für die Badeerlaubnis.

Im Alltag: beachten, schützen, vorbeugen

Die Vorbeugung

Der Umweltschutz ist in allen Industrieländern zu einem wichtigen Anliegen geworden. »Weniger Umweltverschmutzung und mehr Rücksichtnahme auf die Natur« lautet die Parole. Gleichzeitig treffen diese Länder Vorbeugungsmaßnahmen, um Gefahren und Krankheiten zu begegnen. Auch hier eignet sich das Piktogramm hervorragend zur Übermittlung von Informationen.

Zusammenleben im öffentlichen Raum

Sauberkeit, Lärmschutz ... in der Stadt ist vieles untersagt. Hier wird eine Reihe verschiedenster Verbotsschilder aus aller Welt vorgestellt, von den geläufigsten bis hin zu den erstaunlichsten.

Richtiges Verhalten in der Stadt

Je größer die Städte, desto mehr Verbote sind nötig, um das Zusammenleben zu regeln. Natürlich ist dies in Weltstädten mit zirka zehn Millionen Einwohnern wie New York, Paris, Mexiko-Stadt und Moskau schwieriger als in einem kleinen Dorf. Aus diesem Grund liegt es im allgemeinen Interesse, dass alle diese Schilder beachten, die auf gutes Benehmen verweisen.

Lärmvermeidung

Weil er auf seiner allmorgendlichen Lieferfahrt unter seinem Fenster hupte und eine Nachtkrankenschwester beim Schlafen störte, wurde ein Bäcker in Val-d'Oise 2009 zu einer Geldstrafe von 200 Euro und 1000 Euro Schadensersatz verurteilt. Daher gilt bei diesem Schild: Hände weg von der Hupe!

Schallzeichen verboten

In **Israel** wird das Hupsignal durch eine Trompete symbolisiert.

Schallzeichen verboten

In **Korea** wird das Hupen mit einem Horn dargestellt.

Betreten des Rasens verboten!

Auf öffentlichen Plätzen und in Parks wird man keinem Verbot häufiger begegnen als diesem. Rasen ist eben sehr empfindlich. Und zwar so sehr, dass manche Gemeinden es mit widerstandsfähigeren Sorten versuchen, um den Wünschen der Spaziergänger und Sonnenanbeter gerecht zu werden. Leider sind die Ergebnisse wenig überzeugend, sodass die Schilder weiterhin stehen bleiben und beachtet werden müssen.

In **Frankreich** existieren zwei Versionen dieses Schildes. Das untere ist häufiger anzutreffen. Damit es aber wirklich alle verstehen, insbesondere ausländische Touristen, wird es zunehmend durch das obere ersetzt.

Betreten des Rasens verboten in Frankreich.

In **China** wird für das richtige Verständnis mit Bild und Text gesorgt.

Betreten des Rasens verboten in China

Nicht auf der Straße urinieren!

Auf offener Straße zu urinieren ist in vielen Ländern untersagt und wird sogar mit einer Geldbuße geahndet, so auch in der Schweiz und den USA. Was öffentliche Toiletten betrifft, so soll man sie sauber halten. Zum Vermitteln dieser Information ist nichts besser geeignet als ein Piktogramm.

In **Europa** soll man nicht stehend urinieren. Ein in Hotels und öffentlichen Gebäuden häufig anzutreffendes Schild, oft ergänzt durch den Text »Danke, dass Sie diesen Ort so sauber zurücklassen, wie Sie ihn vorgefunden haben«. Im Klartext: Schluss mit dem Beträpfeln der Klobrille!

In **Japan**, wo man schamhaft, aber sehr auf Hygiene bedacht ist, zögert man nicht, an den Toilettentüren äußerst anschauliche Verbotsschilder anzubringen.

Dringende Bedürfnisse

Noch einmal: Es ist verboten, an jedem beliebigen Ort Pipi zu machen. Natürlich gilt das vor allem für Männer!

 In **Deutschland** ist der Herr bekleidet, deutlich erkennbar ist nur der Harnstrahl.

Urinieren verboten

 In **Singapur** ist es verboten, auf der Straße zu urinieren. Zuwiderhandlungen werden mit einer Geldbuße von 500 Singapur-Dollar belegt.

 In **Großbritannien** wird die wesentlich schematischere Darstellung ergänzt durch: »Bitte nicht verschmutzen!«

Ein Park, in dem fast alles verboten ist

Rasen betreten verboten

Einkäufe tragen verboten

Blumen pflücken verboten

Hunde mitführen verboten

Vögel füttern verboten

Pipi machen verboten

Sonnenbaden verboten

Rollschuhlaufen verboten

Radfahren verboten

Skateboarden verboten

Abfälle in Mülltonnen werfen

Spielen mit ferngesteuerten Modellautos verboten

In **China** findet man diese Schilder am Eingang des Kowloon-Park in Honkong. Niemand wird bestreiten, dass hier Vieles verboten ist. Was den Freizeitspaß betrifft, so darf man nicht Rad fahren, nicht Rollschuh laufen, nicht Skateboarden und nicht mit ferngesteuerten Modellautos spielen. Sich auf einer Bank sonnen? Nein. Pipi machen? Natürlich nicht. Mit vollen Einkaufstüten durch den Park gehen? Undenkbar. Vögel füttern, Blumen pflücken oder mit dem Hund spazieren gehen sind auch nicht erlaubt. Nur eines darf man: Abfälle in Müllbehälter werfen.

Für saubere Gehwege

Mit etwa acht Millionen Hunden steht Frankreich in Europa an fünfter Stelle. Auch unsere vierbeinigen Begleiter müssen sich gewissen Regeln unterwerfen. Insbesondere müssen sie an der Leine gehen und dürfen ihre Notdurft nicht überall verrichten.

→ In **Deutschland** ist Hundekot auf den Straßen verboten. Hundehalter müssen die Notdurft ihrer Lieblinge in extra dafür vorgesehenen Tüten einsammeln und entsorgen. Die Kottüten bekommt man gratis an den zahlreich aufgestellten »Hundetoiletten«.

→ Auf **Frankreichs** Straßen ist Hundekot ebenfalls verboten.

Ein zweisprachiger Apell

In North Vancouver in Kanada greift man im Kampf gegen den Hundekot humorvolll zu zweisprachigen Schildern: der englischsprachige Hinweis ist für das Herrchen, der wauwausprachige für seinen vierbeinigen Freund. Nun wissen beide Bescheid.

An die Leine oder ganz verboten

Es gibt Hirtenhunde, Jagdhunde, Begleithunde ... die Fédération Cynologique Internationale (FCI) führt mehr als 300 verschiedene Rassen an, von Kreuzungen gar nicht zu reden. Der Hund ist zwar des Menschen bester Freund, an öffentlichen Plätzen bleibt ihm jedoch oft der Zutritt verwehrt, insbesondere zu Grünanlagen und Kinderspielplätzen oder Ämtern und Läden, wo man Angst vor Flecken auf dem Boden hat. Was die entsprechenden Schilder betrifft, so wählt sich jedes Land seinen landestypischen Hund selbst aus.

In **China** erinnert der Hund auf dem Schild dem Japan Chin, auch Japanischer Spaniel genannt. Seine Vorfahren stammen aus Korea, aus denen die Japaner dann Zwerghunde züchteten, die lange als Kostbarkeit galten und vor allem von Adeligen gehalten wurden.

Hunde verboten

In **Deutschland** lässt dieses Symbol an den Deutschen Schäferhund denken, eine Rasse, die zuerst in Deutschland gezüchtet wurde.

→ In der **Schweiz** ist es der Dackel, die »Wurst auf Beinen«, ein deutscher Dachshund, mit lang gestrecktem Körper und kurzen Beinen. Vielleicht hat sich die Schweiz für eine deutsche Rasse entschieden, weil der Dackel so gutmütig dreinblickt.

Hunde verboten

→ In **Frankreich** ähnelt der Hund auf dem Schild einem Schnauzer.

Hunde anleinen

→ In den **USA** ist die Rasse nicht erkennbar.

Handy abschalten, fotografieren verboten und anderes

In Kirchen, Museen und an historischen Stätten sollte man sich angemessen verhalten, insbesondere, wenn man im Ausland unterwegs ist. Auf dieses Erfordernis weisen zahlreiche Schilder hin, manche verstehen sich von selbst, andere wirken auf Touristen geradezu verwunderlich.

2009 wurden weltweit 1,16 Milliarden Mobiltelefone verkauft. An der Spitze steht **Asien** mit 456 Millionen, gefolgt von den **USA** (178 Millionen), **Westeuropa** (162), **Afrika** (150) und **Südamerika**. Ob im Kino, im Theater, im Krankenhaus oder beim Arzt – überall werden andere durch das Fehlverhalten mancher Handybesitzer gestört. Daher gibt es zahlreiche Piktogramme, die den Gebrauch von Handys untersagen, die Schilder sind aber weitgehend erfolglos. Einige Örtlichkeiten im öffentlichen Raum werden daher bereits mit Störsystemen ausgerüstet, die verhindern, dass man Anrufe tätigen oder entgegennehmen kann.

Mobilfunk verboten

GSM VERBOTEN

In zahlreichen Ländern, so auch in **Frankreich**, ist fotografieren vielerorts untersagt. Das Blitzlicht schadet Kunstwerken, insbesondere in Museen.

Angemessene Kleidung

In **Kambodscha** muss man beim Betreten eines Tempels angemessen bekleidet sein. In Angkor weist ein entsprechendes Schild darauf hin.

Schusswaffen verboten

In den **USA** gibt es mehr als 200 Millionen Schusswaffen. Die Zahlen sind je nach Bundesstaat verschieden, da die Waffengesetze nicht überall gleich sind: in Texas ist man waffenfreundlich, in New Jersey sehr streng, in Chicago ist das Waffentragen ganz verboten. Die Unterschiede könnten sich aber bald ändern, denn der Oberste Gerichtshof befasst sich mit der Frage der Freigabe von Schusswaffen in sämtlichen Bundesstaaten.

In der **Türkei** könnte man sich bei diesem Schild an einen Schuhputzer erinnert fühlen. Allerdings befindet sich dieses Schild an einer Istanbuler Moschee – somit ist die Bedeutung klar: Vor dem Betreten Schuhe ausziehen!

Küssen verboten

In **Großbritannien** ist es am Bahnhof Warrington Bank Quay verboten, sich zu küssen. Diese Art des Verabschiedens verursachte zu oft Staus an den Bahnsteigen.

Reservierte Parkplätze freihalten!

In zahlreichen Ländern sind für Menschen mit Behinderungen speziell gestaltete (oft größere) Plätze vorgesehen, um ihnen die Mobilität zu erleichtern. In Frankreich und den meisten Ländern der EU ist auf jedem öffentlichen Parkplatz von 50 Plätzen einer für behinderte Autofahrer vorgesehen. Die Piktogramme stellen jeweils einen Rollstuhlfahrer dar.

In **Israel**
Reserviert für Personen mit eingeschränkter Mobilität

In **Großbritannien**
Parkplatz für Personen mit eingeschränkter Mobilität

In **Schweden**

In **Frankreich**

Parkplatz für Personen mit eingeschränkter Mobilität

China erfindet den Frauenparkplatz

Ein speziell für Frauen reservierter Parkplatz wurde in einem Einkaufszentrum der nordchinesischen Provinz Hebei eingerichtet. Die einzelnen Parkmöglichkeiten sind einen Meter größer als üblich, denn nach Ansicht des Leiters des Zentrums haben Frauen »ein anderes Gefühl für Entfernungen«. Zudem ist die Beschilderung sehr auffällig gestaltet, um den besonderen Bedürfnissen der Frauen gerecht zu werden ... Heiliger Macho!

Schützt die Umwelt!

Saubere Stadtluft, weniger Abfälle ... Wenn uns Schilder auffordern, unsere Lebensgewohnheiten zu ändern, rückt das Fahrrad an die Stelle des Autos, und Piktogramme weisen auf die Gefährdung unseres Planeten hin.

→ Das Fahrrad – ein Ökostar

Nachhaltig, gesund, absolut emissionsfrei, geräuscharm, sauber, billig ... das Fahrrad ist der absolute Star unter den umweltfreundlichen Fahrzeugen. Das in Asien und Afrika weit verbreitete Transport- und Fortbewegungsmittel erobert nun auch Europa, wobei die nordeuropäischen Länder wieder die Vorreiter spielen. So legen die Niederländer 26 % ihrer Fahrten mit dem Rad zurück, ein Europa- und wohl auch Weltrekord in einem Land, in dem die Zahl der Fahrräder (1,11 pro Person) höher ist als die der Einwohner!

Fahrradstreifen in der Stadt

Ihre steigende Zahl und ihre verbesserte Beschilderung verdanken sich dem zunehmenden Gebrauch von privaten Fahrrädern und kommunalen Leihrädern. In **Italien**, **Deutschland**, **Frankreich**, aber auch **Dänemark** und **Belgien**, nicht zu vergessen **China**, sind die städtischen Radwege ein voller Erfolg!

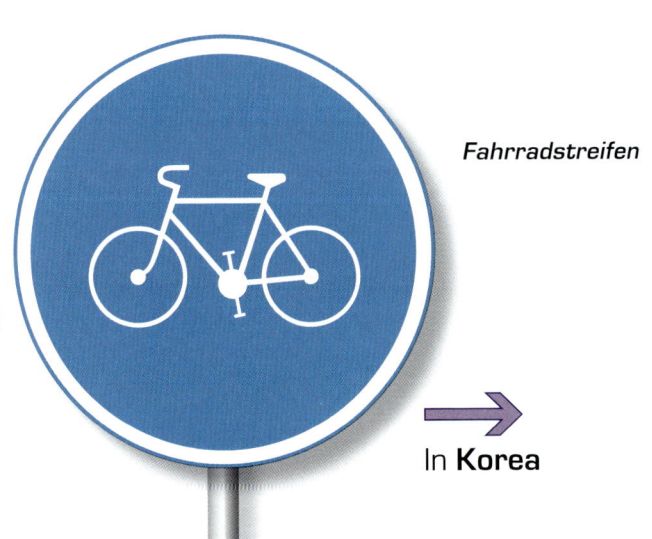

Fahrradstreifen

→ In **Korea**

Spezielle Parkplätze und Serviceangebote für Fahrräder

Radfahrer brauchen keine Tankstellen (sie müssen bloß in die Pedale treten); trotzdem gibt es bestimmte Einrichtungen für die Nutzer dieser Zweiradfahrzeuge, die auf Regen ebenso empfindlich reagieren (mit Rost) wie auf spitze Gegenstände. Ein Nagel, Glassplitter? Vorsicht! Ist die Luft raus? Man folge dem Hinweisschild!

Radparkplätze

Hier können Fahrräder parken

 In den **USA**

 In **Québec**

 In **Frankreich**

Zweigeschossiges Fahrradparken in Japan

In einem dicht besiedelten Land, das zwischen Meer und Gebirge eingeklemmt ist, stellt sich ständig das Problem des Platzmangels, ob es sich nun um Autos oder Zweiräder handelt. Daher die Idee, die Räder auf zwei Geschossen abzustellen. Probleme mit dem Hochtragen? Keineswegs! Man zieht an einem Hebel, eine Rampe senkt sich, man stellt das Fahrrad darauf ab und zieht wieder den Hebel, um es hochzuhieven. Einfach und effizient!

Zoom auf das Musterland Québec!

Fahrradunterstand

Reparaturwerkstätte für Fahrräder

Aufpumpvorrichtung

Im **kanadischen** Québec werden den Radfahrern zahlreiche Serviceleistungen geboten. Sie können Unterstände, Aufpumpanlagen und Reparaturwerkstätten nutzen.

Vor dem Überqueren absteigen

Getrennter Rad- und Fußweg

Rutschgefahr für Fahrräder

Auch die für Radfahrer bestimmte Beschilderung ist in Québec hoch entwickelt. Absteigepflicht, getrennter Rad- und Fußweg, Rutschgefahr sind nur einige der zahlreichen Fahrradschilder.

Mehr als bloße Fahrradstreifen: regelrechte Radstraßen!

Beim Anblick dieser Schilder möchte man meinen, es handle sich um Wegweiser. Das trifft auch zu, nur sind die angezeigten Straßen ausschließlich für Radfahrer bestimmt. Und wann werden wir autofreie Regionen bekommen?

Radweg

In **Dänemark** und **Großbritannien** zeigt eine kleine Tafel einen Radweg und die Nummer der Route an, rechts daneben die Zielorte und Entfernungsangaben.

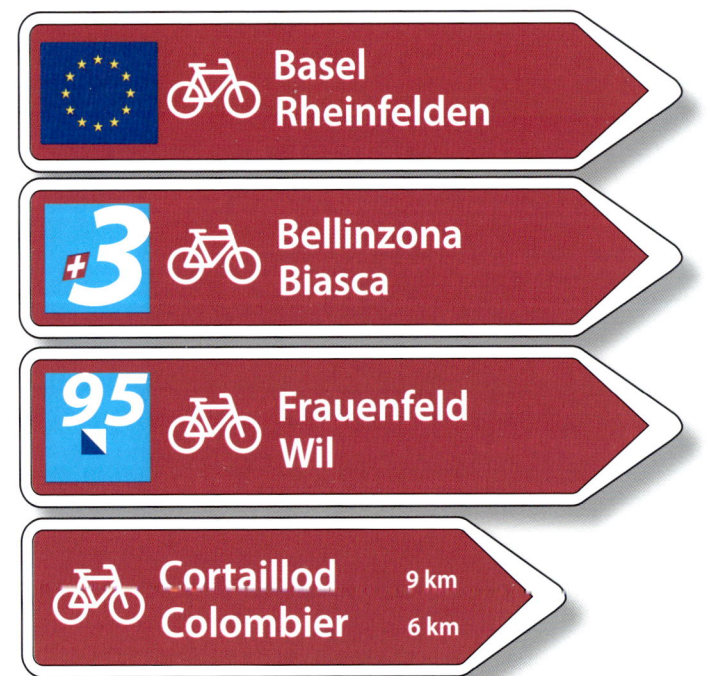

In der **Schweiz** zeigen diese Schilder Radrouten und die entsprechenden Straßenarten mit ihren Nummern an. Oben Europastraße, dann Nationalstraße und Regionalstraße, unten eine kleine Landstraße. Alles klar!

→ In **Frankreich** zeigt diese Tafel eine Fahrradroute an.

Autobahnen für Fahrräder in Dänemark

Nachdem feststeht, dass 55 % der Einwohner der Stadt Kopenhagen und 37 % der am Stadtrand Wohnhaften als Transportmittel das Fahrrad bevorzugen, plant die dänische Hauptstadt den Bau von zwölf Fahrrad-Autobahnen von jeweils zehn Kilometern Länge, um die Vororte mit dem Zentrum zu verbinden. Sie werden von Service-Stationen mit Pumpgeräten gesäumt sein, einen fahrradgerechten Belag aufweisen und nachts beleuchtet sein. Der Verkehr wird nach dem Prinzip der »grünen Welle« ablaufen: Durch entsprechende Ampelschaltungen sollen die Radfahrer dazu gebracht werden, sich mit der Idealgeschwindigkeit von 20 Kilometern pro Stunde fortzubewegen, sodass die Ampeln für sie durchgehend auf Grün stehen.

Aktiv für die Umwelt!

Die Abfälle in der Landwirtschaft und im Bauwesen nicht gerechnet, verursacht die Menschheit Tag für Tag an die zehn Millionen Tonnen Abfälle, was jährlich einer weltweiten Abfallmenge von vier Milliarden Tonnen entspricht. Die größten Abfallverursacher sind die Amerikaner (700 Kilogramm pro Jahr), gefolgt von den Europäern (600 Kilogramm pro Jahr), wohingegen ein Stadtbewohner in einem Entwicklungsland nur 150–200 Kilogramm pro Jahr verursacht. In Frankreich beträgt das Gewicht der Haushaltsabfälle alljährlich das 2500-fache des Eiffelturms, der 8700 Tonnen wiegt. Wiederverwertung ist daher dringend nötig um die Verschwendung zu verringern.

Nein zur wilden Vermüllung!

Bitte Abfälle in den Korb werfen!

Links sieht man den klassischen Hinweis auf Abfallkörben, rechts eine in **Frankreich** übliche Version. Das Piktogramm wurde zwecks Sauberhaltung des öffentlichen Raums geschaffen (1950 in den **USA**, 1970 in **Großbritannien**), lange vor der Einführung der Mülltrennung.

→ In den **USA** weist dieses Schild auf einen Behälter für Katzenstreu hin. Erkennt man das sofort oder hätte der Grafiker ein Kätzchen hinzufügen sollen?

→ In **Frankreich** sieht man in Grünanlagen und Waldstücken oft zwei Schilder, die daran erinnern, dass man seine Abfälle nicht in der Natur zurücklassen soll. So dauert der Zersetzungsvorgang bei einem Zigarettenfilter fünf Jahre, bei einer Plastikflasche 1000 Jahre und bei Glas 4000 Jahre.

Symbole für schutzbedürftige Gebiete

Weltweit haben bisher an die 100 Länder Nationalparks eingerichtet. Sie sind Staatseigentum und können besichtigt werden, man muss jedoch Rücksicht auf die Tier- und Pflanzenwelt nehmen. Die Idee zur Gründung eines Nationalparks wurde in den USA geboren, wo Ende des 19. Jahrhunderts auf Gebieten der Bundesstaaten Idaho, Montana und Wyoming der Yellowstone-Nationalpark geschaffen wurde. Heute gibt es in den USA insgesamt 58 solcher Parks.

Naturschutzgebiet

In **Frankreich** weist dieses Symbol ein Naturschutzgebiet aus.

Umweltforschung

Nationalpark in **Deutschland**. Als Symbol dient die Eule, eine gefährdete Tierart.

Nationalpark

Der Erforschung der Umwelt dienendes Gebiet in den **USA**

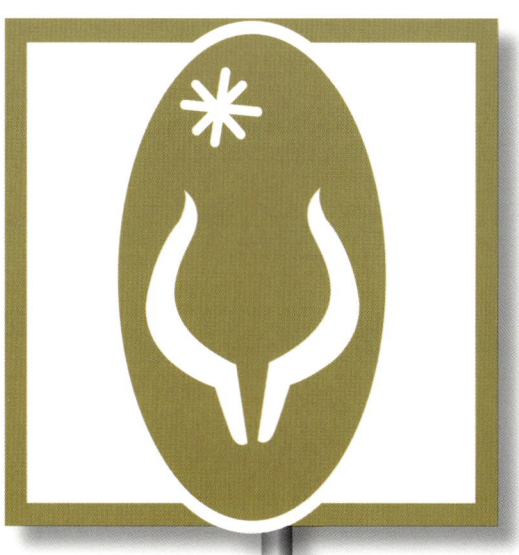

→ In **Frankreich** werden Naturschutzgebiete durch ein ovales Symbol angezeigt, in dem das Emblem der betreffenden Region erscheint: links der Naturpark Camargue (Stierhörner), rechts der Umriss Korsikas.

Naturschutzgebiet

Holzschilder

Sind unsere aus Stahl gefertigten Schilder »umweltfreundlich«? Eigentlich nicht. Im Bestreben, Schilder zu produzieren, die der Umwelt ästhetisch wie ökologisch gerecht werden, greifen zurzeit viele europäische Hersteller auf den Rohstoff Holz zurück. Natürlich muss dabei ein wenig geschwindelt werden. So wird bei polizeilichen Hinweisschildern und Richtzeichen das als Träger für die Aufschriften oder Piktogramme dienende Aluminiumblech in eine Holztafel eingefügt. Bei touristischen Hinweisschildern hingegen sind 100 % Holz durchaus möglich, sogar mit den üblichen retroreflektierenden Schriftzeichen.

Zeichen, die die Umwelt schützen

Zur Förderung des Umweltschutzes haben zahlreiche private und öffentliche Organisationen Zeichen geschaffen, die den Verbraucher zum »grünen« Konsum anregen, anders gesagt zum Kauf von Produkten, deren Herstellung und Entsorgung der Natur nicht schaden. Das Problem ist nur, dass es davon viel zu viele gibt. Welchen soll man nun vertrauen? ... Den hier abgebildeten!

Europäisches Öko-Label

In **Europa** verdient selbstverständlich das Europäische Öko-Label Vertrauen. Es zeigt die Zertifizierung von Produkt und Verpackung an, womit deren Umweltverträglichkeit – von der Herstellung bis zur Entsorgung – amtlich ausgewiesen ist. Es wird allerdings nicht für pharmazeutische Erzeugnisse ausgestellt, ebenso wenig für Nahrungsmittel und Autos.

Umweltzeichen »Der Blaue Engel«

In **Deutschland** wurde 1978 »Der Blaue Engel« eingeführt und seitdem an mehr als 4000 Produkte vergeben – von Müllsäcken über Fotopapier und Büroartikeln bis hin zu Boilern und Heizkesseln.

»Der Nordische Schwan«

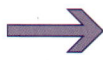 In **Skandinavien** folgt »Der Nordische Schwan« denselben Kriterien wie das Europäische Öko-Label, bei der Verleihung gelten aber noch strengere Maßstäbe. Nach genauester Überprüfung wurden damit 630 Produkte ausgezeichnet.

NF Environnement

 In **Frankreich** kennzeichnet dieses spezifisch französische Siegel Erzeugnisse und Dienstleistungen, die umweltfreundlicher sind als herkömmliche Produkte. Farben, Lacke, Kaffeefilter, die man guten Gewissens kaufen kann.

Biologische Landwirtschaft

 In **Frankreich** das wohl bekannteste Bio-Siegel für Nahrungsmittel. Es zeigt, dass die Pflanzen chemiefrei und ohne Einsatz von Pestiziden angebaut wurden, dass die Tiere auch bei Intensivhaltung über ein Mindestmaß an Platz verfügen, Antibiotika in kleinen Mengen verabreicht werden und die Tiernahrung zu 90 % biologischer Herkunft ist. Bei Fertigerzeugnissen müssen mindestens 95 % aus biologischer Landwirtschaft stammen.

Bio-Siegel der EU (Biologische Landwirtschaft), französische Version)

In der **Europäischen Union** wird das europäische Bio-Siegel in allen EU-Amtssprachen herausgegeben, in **Deutschland** werden die Aufschriften »Biologische Landwirtschaft« und »Ökologischer Landbau« verwendet.

In allen Ländern der Welt darf man beruhigt Fisch essen, wenn er das MSC-Label trägt. Das Siegel wird von einer unabhängigen Organisation vergeben und weist ihn als Produkt nachhaltiger und umweltfreundlicher Fischerei aus. Ein ökologisches Führungszeugnis im Bereich des Fischfangs.

Aus nachhaltiger Fischerei

Dieses vom WWF geschaffene Label, weltweit führend bei der Zertifizierung nachhaltiger Forstwirtschaft, bescheinigt dem Hersteller Rücksichtnahme auf die autochthone Bevölkerung, Schutz der Artenvielfalt und Maßnahmen zur Wiederaufforstung.

Nachhaltige Forstwirtschaft

Wer eine mit diesem Piktogramm gekennzeichnete Spraydose kauft, setzt kein FCKW frei, das bekanntlich ein Ozonkiller ist. Das Problem? Die den Planeten schützende Hand macht glauben, das Spray sei nicht umweltschädlich. Tatsächlich enthalten die Sprays aber andere Treibhausgase, wie zum Beispiel Butan. Man lässt vom Sprühen daher am besten ganz die Finger.

Schutz der Ozonschicht

Dieses vom Internationalen Verband der Seifen-, Wasch- und Putzmittelhersteller geschaffene Piktogramm dürfen ausschließlich Unterzeichner der vom Verband erstellten Umwelt-Charta verwenden. Das Zeichen lenkt die Aufmerksamkeit des Konsumenten auf praktische Ratschläge für umweltbewusstes Wäschewaschen. Das Zeichen bedeutet aber nicht, dass die Waschmittel gut für die Umwelt sind.

Label der umweltbewussten Waschmittelhersteller

Rücksicht im Straßenverkehr

Jeden Einzelnen anzusprechen und dadurch Sicherheit für alle zu erreichen ist der Hauptzweck dieser Tafeln, ob sie nun zur Rücksicht auf Kinder oder ältere Personen aufrufen oder auf alle möglichen Gefahren hinweisen, die auf der Straße auf uns lauern. Am sichersten ist man freilich immer noch zu Hause.

→ Autofahrer, Augen auf!

Vorsicht, Straßenarbeiten!

»Baustelle« bedeutet Baufahrzeuge und auf der Fahrbahn tätige Arbeiter. Ungeachtet ihrer neonfarbenen Schutzanzüge sind sie nicht immer gut zu sehen und dadurch unfallgefährdet. Diese Schilder fordern zu einer rücksichtsvollen Fahrweise auf.

→ In **Polen** weist dieses Schild auf Baufahrzeuge hin, die möglicherweise die Straße kreuzen.

Baufahrzeuge

→ Vermessungsarbeiten auf der Fahrbahn in **Québec.**

Vermessungsarbeiten

→ Straßenarbeiten in den **USA** und in **Kanada.**

Baustelle

Vorsicht, Kinder!

In der Nähe von Schulen, Freizeiteinrichtungen und Grünanlagen müssen Autofahrer besonders wachsam sein und stets damit rechnen, dass Kinder auf die Fahrbahn laufen oder sie überqueren. In der Regel sind hier zur Vorsicht mahnende Schilder aufgestellt.

Kinder

In **Irland**

In **Norwegen** findet man ein ähnliches Schild vor wie in **Frankreich**, **Italien** und **Deutschland**.

In **Italien** begegnet man diesem Schild häufig vor Bushaltestellen. Es weist darauf hin, dass Kinder plötzlich und unüberlegt auf die Fahrbahn laufen könnten.

Kinder

Halt! Kinder!

 In **Polen** erhöht das gelbe Feld die Sichtbarkeit des Schildes.

 In **Großbritannien** ist Text anstelle von Figuren zu sehen.

 Diese Schilder weisen auf einen Kinderspielplatz hin (links in **Frankreich**, rechts in den **USA**). Ein sicherer Ort zum unbeschwerten Spielen. Trotzdem: Autofahrer müssen damit rechnen, dass Kinder unvermittelt auf die Fahrbahn laufen könnten.

Kinderspielplatz

Zonen mit Tempolimit

In den als verkehrsarm und ruhig geltenden Wohngebieten dient die Straße oft als Spielplatz. Hier fordern diese Schilder die Autofahrer zu erhöhter Vorsicht, auf.

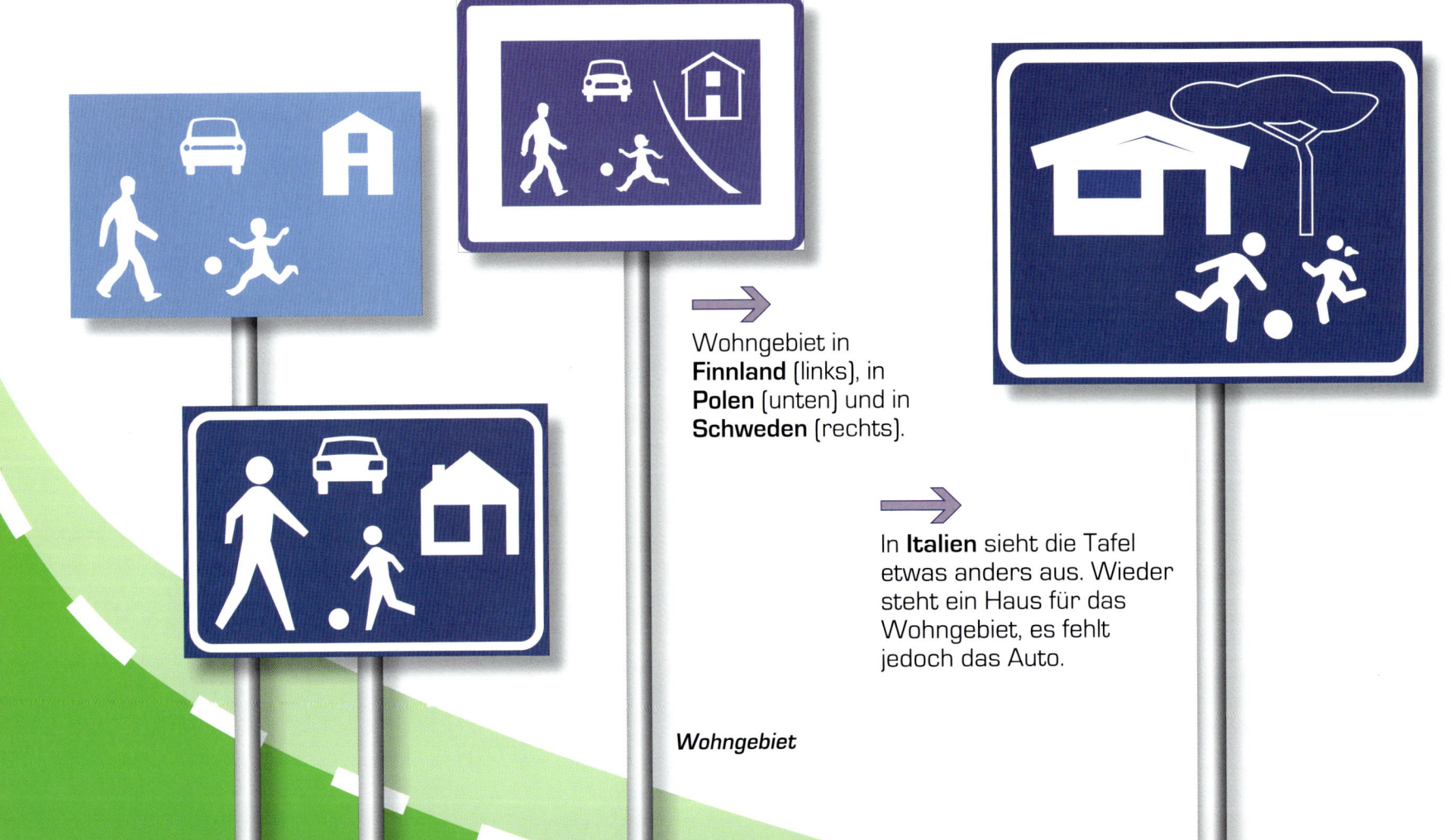

Wohngebiet in **Finnland** (links), in **Polen** (unten) und in **Schweden** (rechts).

In **Italien** sieht die Tafel etwas anders aus. Wieder steht ein Haus für das Wohngebiet, es fehlt jedoch das Auto.

Wohngebiet

Ältere und behinderte Personen haben Vortritt

Auch diese Schilder fordern den Autofahrer zu größter Vorsicht, auf.

Vorsicht, ältere Personen!

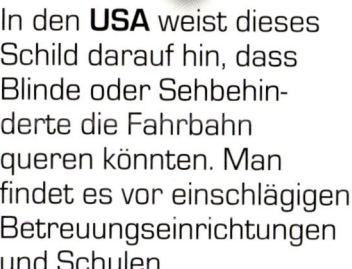

Fußgängerüberweg für Blinde

→ In **Korea**, wo oft mehrere Generationen unter einem Dach wohnen, haben ältere Menschen eine wichtige Stellung inne und genießen höchstes Ansehen.

→ In den **USA** weist dieses Schild darauf hin, dass Blinde oder Sehbehinderte die Fahrbahn queren könnten. Man findet es vor einschlägigen Betreuungseinrichtungen und Schulen.

Mögliche Anwesenheit von Gehörlosen

Mögliche Anwesenheit von Blinden

→ In **Schweden** hat man sich zur Darstellung von Behinderungen für Symbole entschieden: Drei Punkte in einem Kreis stellen Taubheit dar, eine Reihe aus fünf Punkten Blindheit. Beide mahnen zu größter Vorsicht.

Vorsicht, ein Unfall!

Die meisten und schwersten Unfälle passieren im Straßenverkehr und fordern zahlreiche Todesopfer. Wenn es zu einem Unfall gekommen ist, muss die Stelle sofort gesichert werden, um Auffahrunfälle oder Massenkarambolagen zu verhindern. Hierfür gibt es zwei Arten von Schildern:

→ In **Frankreich** spricht das Piktogramm für sich.

→ In **Schweden** warnt das Wort für »Unfall«.

Vorsicht, Unfallstelle!

dididi dadada dididi

Drei Punkte (S), drei Striche (O) und drei Punkte (S) stellen im Morsealphabet die Abkürzung SOS dar, das internationale Notrufzeichen, mit dem sofortige Hilfe angefordert wird. Drei Buchstaben ohne besondere Bedeutung, auch wenn sich viele nicht davon abbringen lassen, dass es sich um die Kurzform von »Save Our Souls« (»Rettet unsere Seelen!«) handelt. Eine sehr poetische Auslegung!

Notrufsäule in **Malaysia**

Notrufsäule in den **Niederlanden**

Notrufsäule in **Frankreich**

Notrufsäule

Notrufsäule in **Finnland**

Nur keine Panik!

Wo ist die nächste Rettungsstelle?

Das Rote Kreuz wird überall mit Erster Hilfe in Verbindung gebracht, war jedoch ursprünglich das offizielle Schutzzeichen für Menschen, die für diese große humanitäre Organisation und ihre Einrichtungen als Ärzte oder Helfer in bewaffneten Konflikten tätig waren. Weltweit bekannt, wird es heute ohne Zusatz als Zeichen für medizinische Soforthilfe verwendet.

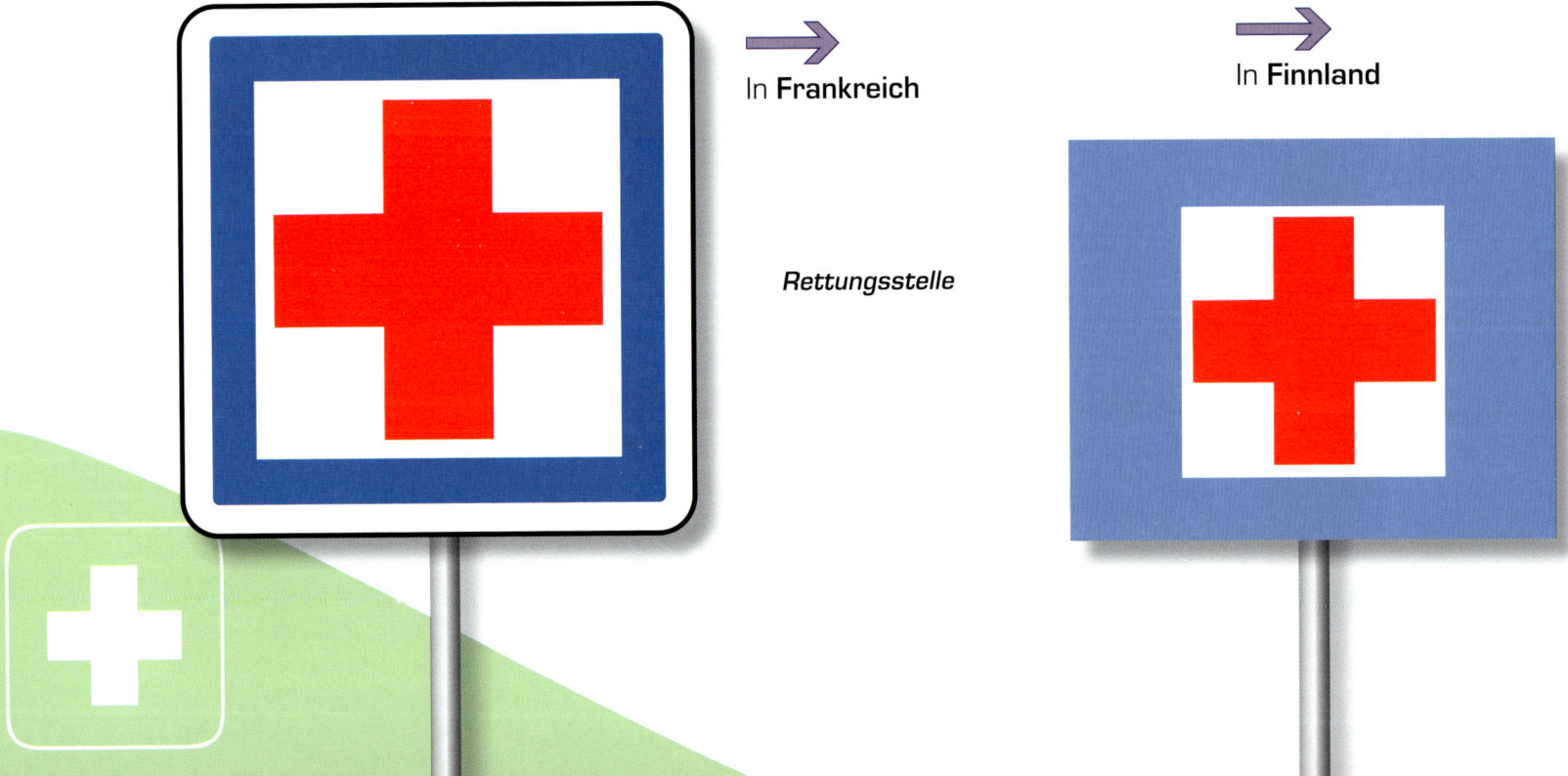

In **Frankreich**

In **Finnland**

Rettungsstelle

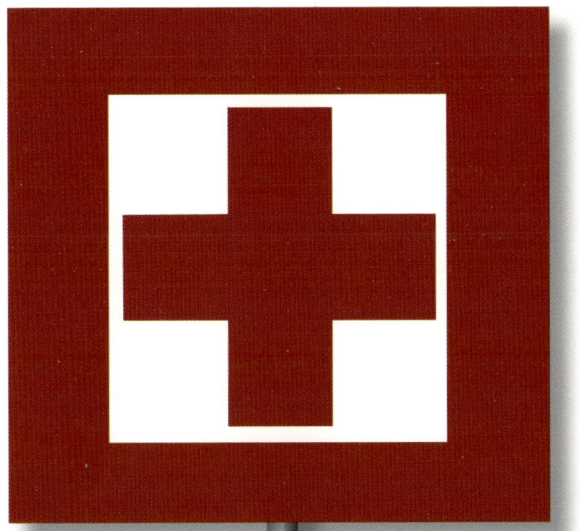

 In den **USA**

→ In **Malaysia** zeigt dieses Piktogramm ein Krankenhaus an. Es handelt sich hier um Krakenhäuser des »Roten Halbmonds«. Auch dieses Zeichen ist weltweit bekannt. Was viele nicht wissen: Der genaue Name der Organisation lautet »Internationale Föderation der Rotkreuz- und Rothalbmond-Gesellschaften«.

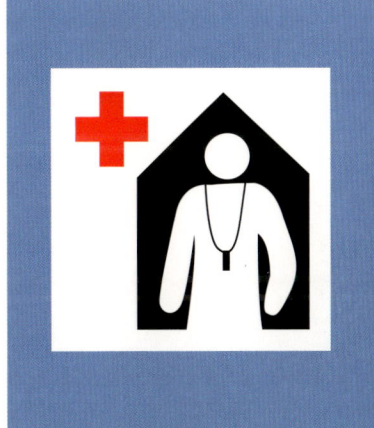

→ In **Island** erscheint ein Rotes Kreuz und anstelle eines Bettes weist ein Arzt auf das Krankenhaus hin.

Wo ist das Krankenhaus?

Krankenhäuser werden durch zwei Arten von Schildern angezeigt: Die einen weisen mit dem Buchstaben H darauf hin (englisch »Hospital«, französisch »Hôpital«), die anderen bevorzugen ein Bett in Verbindung mit dem Roten Kreuz.

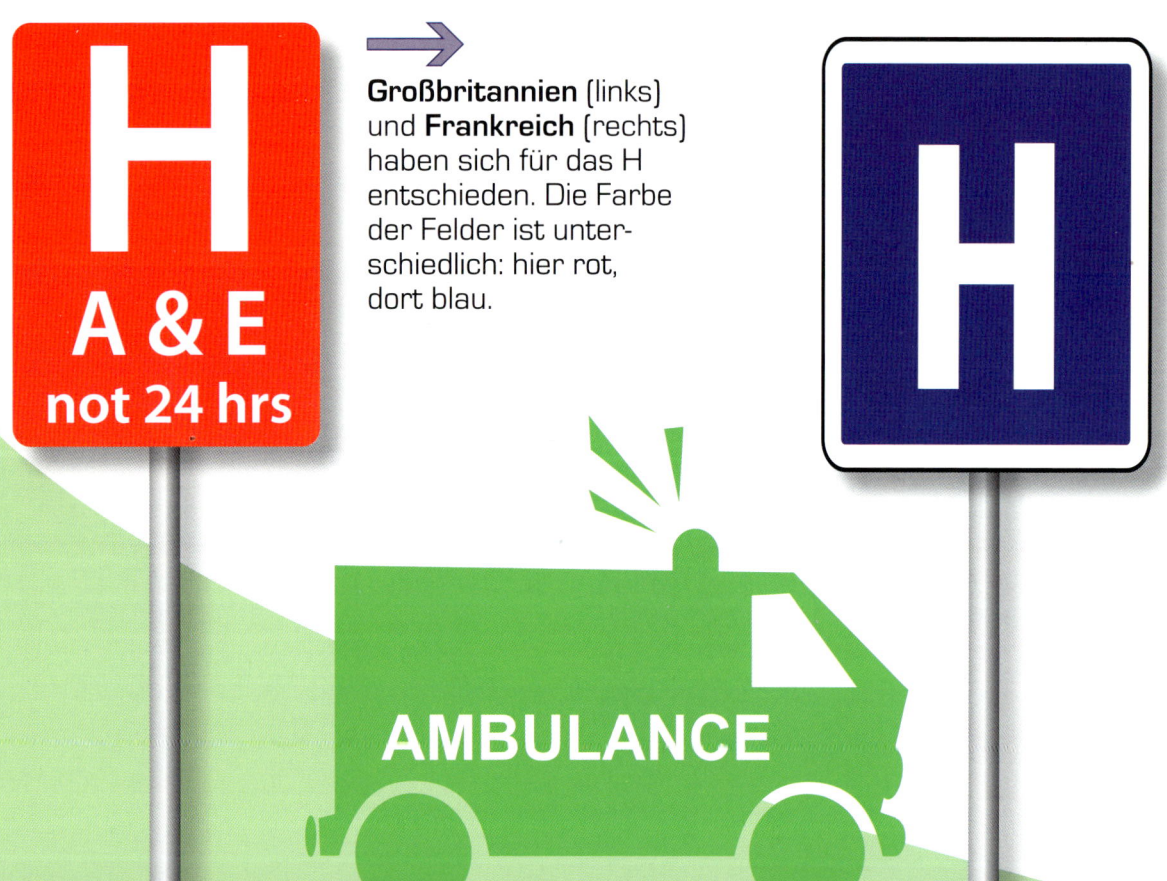

Großbritannien (links) und **Frankreich** (rechts) haben sich für das H entschieden. Die Farbe der Felder ist unterschiedlich: hier rot, dort blau.

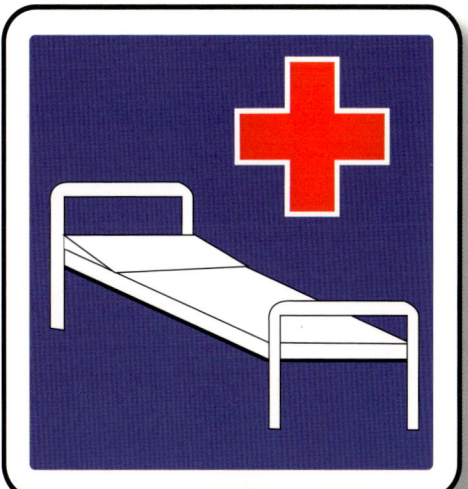

 In **Italien** (links) und **Polen** (rechts) erscheint das Rote Kreuz in Verbindung mit einem Bett, das in Polen eher spartanisch, in Bella Italia hingegen wesentlich einladender wirkt.

 Die **USA** setzen auf die Verständlichkeit des Wortes.

Nicht nur auf der Straße lauern Gefahren!

Bedrohungen durch die Natur (Erdbeben, Wasser) oder vom Menschen verursachte Gefahren (Hochspannungsleitungen, chemische Substanzen) – es ist schwierig, alle Risiken auszuschalten, auch wenn die Warnschilder auf alle möglichen Bedrohungen hinweisen, wie folgende Beispiele zeigen.

Baumsturz

In **Australien** wird man vor umsturzgefährdeten Bäumen gewarnt.

So wird man in **Kanada** vor Dachlawinen gewarnt.

Vorsicht, Dachlawine!

Vorsicht, tiefes Wasser

Nichtschwimmer in **Großbritannien** werden mit diesem Schild vor tiefen Gewässern gewarnt.

In **Deutschland** weist dieses Schild auf die Gefahr hin, ins Wasser zu stürzen.

Große Wassertiefe

Gefahr aus dem Meer

2004 forderte ein Tsunami 230 000 Menschenleben und gilt damit als die schlimmste Flutkatastrophe im Indischen Ozean seit 600 Jahren. 14 Länder waren von der Flutwelle betroffen, in Thailand drang sie bis zu 1,5 Kilometer weit ins Landesinnere vor. In der Folge der Katastrophe wurden in manchen Staaten Warnschilder mit Verhaltensregeln aufgestellt, ob sie aber im Ernstfall nützen können, ist fraglich.

In **Kalifornien** (links) und in **Thailand** (rechts) warnen Schilder die Bevölkerung vor der Tsunamigefahr und geben Anweisungen für richtiges Verhalten: Flucht in höher gelegene oder küstenfernere Gebiete.

Tsunamigefährdetes Gebiet

Vorsicht, Hochspannung!

Hochspannungsleitungen werden oft als Verunzierung der Landschaft empfunden, von den Gefahren für die Gesundheit ganz zu schweigen. Durch den steigendem Strombedarf haben die Masten sich seit Beginn des 20. Jahrhunderts immer weiter ausgebreitet. Meist sind Hochspannungsleitungen in der Nähe von Schulen verboten, in Schweden und manchen US-Bundesstaaten generell in der Nähe von Wohnsiedlungen. Die Übertragungsspannung von anfangs zehn Kilovolt hat sich mittlerweile auf bis zu 765 Kilovolt erhöht. Solche Stromladungen sind für den menschlichen Körper äußerst gefährlich, Wehe dem, der eine dieser Leitungen berührt!

→ Warnung vor Stromschlag in **Schweden**

→ Hochspannungsleitung in **Frankreich**

→ Freileitung in **Großbritannien** mit Angabe der Durchfahrtshöhe

Laserstrahlen, nicht minder gefährlich!

Vorsicht, Laserstrahl!

→ Wem sagt dieses **französische** Schild etwas? Und dennoch: In der Industrie, der Chirurgie und den Forschungslabors kommt zunehmend der Laser zum Einsatz, das Flaggschiff der neuen Technologien. Da er Verbrennungen der Augen oder der Haut verursachen kann, ist größte Vorsicht, geboten.

→ In **Großbritannien** ist die Warnung überdeutlich. Auch die Verbrennungsgefahr ist anschaulich dargestellt.

Vorsicht, Laserstrahl!

Vorsicht, Rutschgefahr!

Ein Clown, der auf einer Bananenschale ausrutscht, hat garantiert Lacherfolg. Wer ausrutscht und hinfällt, braucht sich um die Erheiterung der Zuschauer nicht zu sorgen und erntet Schadenfreude. Warum lacht man eigentlich bei solchen Vorfällen? Die Ungeschicklichkeit anderer erinnert uns auf äußerst wohltuende Weise daran, dass niemand unfehlbar ist. Selbst beim Betrachten dieser Warnschilder kann man sich eines Lächelns kaum erwehren.

 Rutschiger Boden in **China**

Vorsicht, Rutschgefahr!

 In Südafrika hebt die Figur vorsichtig den Fuß. Warum, ist rechts unten zu lesen.

Rutschgefahr bei nassem Boden

Ein wilder Stunt auf einem australischen Schild in Melbourne.

In **Italien** ist nicht das Hinstürzen dargestellt, sondern sein Ergebnis.

Vorsicht, Rutschgefahr!

Baustellen sind gefährlich

Gefahr von oben!
Auf einer Baustelle muss man die Augen überall haben, aus Vorsicht, versteht sich. Vor allem, wenn man sich als interessierter Zuschauer zu nahe heranwagt oder sie unbefugt betritt. Hier ist äußerste Vorsicht notwendig und zudem »jedes Verweilen unter schwebenden Lasten verboten«.

  In **Deutschland** ist es untersagt, unter Baufahrzeugen zu stehen. Man könnte sonst auf die Schaufel genommen werden.

Aufenthalt unter Baufahrzeugen verboten!

 In **Spanien** lässt die Zeichnung das Schlimmste befürchten. Wenn sich der Bagger im Ziel irrt ...

 In **Italien** weiß man sofort, wie sich die herabstürzende Last auf die Person darunter auswirken würde.

Verweilen unter hängenden Lasten verboten!

 In **Frankreich** ist nur die Last dargestellt, den Rest kann man sich denken.

Vorsicht, Kranlasten!

Feueralarm!

In europäischen Ländern bricht durchschnittlich alle zwei Minuten Feuer aus, rund 800 Menschen kommen allein in Frankreich jährlich bei Bränden ums Leben. Brandlöschgeräte können im Notfall helfen und müssen gut auffindbar sein, vor allem in öffentlichen Einrichtungen wie Ämtern und Behörden.

Hinweis auf Feuerlöscher in **Frankreich**. Auch in **Deutschland** tragen die Schilder, die auf Brandlöschgeräte hinweisen, ein weißes Piktogramm auf rotem Grund.

In **Finnland**

Notausgänge

  In **Kanada** warnt eine Aufschrift davor, den Ausgang zu blockieren.

 In **Großbritannien** stellt eine Treppe den Fluchtweg dar.

 In **Deutschland**: Wer dieses Piktogramm verstehen will, sollte es nicht eilig haben.

 So sieht der Hinweis auf den Notausgang in den **Niederlanden** aus.

 Ähnlich haben auch in **Frankreich** die Zeichen für Notausgänge ein grünes Feld.

Rauchen schadet der Gesundheit

Rauchen verboten!

Ob **Deutschland**, **Italien**, **Frankreich**, **Großbritannien**, **Nepal**, **Australien**, **Irland**, **Norwegen** ... zahlreiche Staaten haben dem Rauchen den Krieg erklärt. Durch Zigaretten verursachte Erkrankungen und Umweltverschmutzung sollen bald der Vergangeheit angehören. Das erste Rauchverbot in öffentlichen Gebäuden wurde in Minnesota erlassen und bis heute sind diesem Beispiel 37 US-Bundesstaaten gefolgt. Zuweilen werden sogar komplett rauchfreie Städte angestrebt. Im indischen Chandigarh herrscht auch auf den Straßen Rauchverbot.

In **Frankreich**

In **Italien**

In **Großbritannien**

Schwarz oder weiß, in der ganzen Welt findet man die gleiche Darstellung: eine brennende Zigarette hinter einem roten Balken.

Hier verboten, dort erlaubt

In **Deutschland**

In **Hongkong**

In **Spanien** ist das Rauchen hier erlaubt.

RAUCHVERBOT

Nichtraucherzone

Raucherbereich

Die wichtigsten europäischen Verkehrszeichen

Lichtzeichenanlage

Deutschland	Frankreich	Italien	Spanien

Kreuzung mit Vorfahrt von rechts

Deutschland	Frankreich	Italien	Spanien

Vorsicht, Baustelle!

Deutschland	Frankreich	Italien	Spanien

Unbeschrankter Bahnübergang

Deutschland

Frankreich

Italien

Spanien

Seitenwind

Deutschland

Frankreich

Italien

Spanien

Autobahn

Deutschland

Frankreich

Italien

Spanien

Fußgängerüberweg

Deutschland

Frankreich

Italien

Spanien

	Deutschland	Frankreich	Italien	Spanien
Ende der Vorfahrtstraße				
Zulässige Höchstgeschwindigkeit		50		
Wendeverbot				
Überholverbot für Kraftfahrzeuge aller Art				

 Verbot für kennzeichnungspflichtige Kraftfahrzeuge mit gefährlichen Gütern

 Deutschland
 Frankreich
 Italien
 Spanien

 Verbot für Fahrzeuge und Züge über angegebene Länge einschließlich Ladung

 Deutschland
 Frankreich
 Italien
 Spanien

 Ende sämtlicher Streckenverbote

 Deutschland
 Frankreich
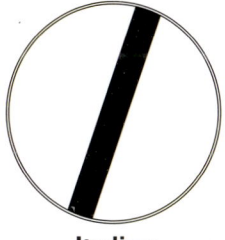 Italien
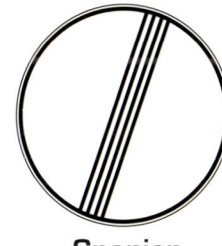 Spanien

 Vorgeschriebene Fahrtrichtung rechts

 Deutschland
 Frankreich
 Italien
 Spanien

Schilderquiz

Wer kennt nun alle Piktogramme?

Hier der Test!

1) Jedem Land seinen Tunnel. In welches Land muss man reisen, um das jeweilige Schild anzutreffen?

1

2

3

4

- **a** Deutschland
- **b** Korea
- **c** Italien
- **d** Singapur

(Antworten: 1b / 2c / 3d / 4a)

2) In Frankreich zeigt dieses Zeichen Folgendes an:

- a Nationalpark
- b regionaler Naturpark
- c Naturschutzgebiet

(Antwort: a)

4) In Polen bedeutet dieses Schild:

- a Rastplatz oder »Plätze frei«
- b U-Bahn-Station
- c Fahrstreifen für Leichtfahrzeuge

(Antwort: a)

3) Diesem Schild begegnet man in Deutschland. Was zeigt es an?

- a Krankenhaus
- b Hotel
- c Bus- oder Straßenbahnhaltestelle

(Antwort: c)

5) In Österreich bedeutet dieses Zeichen:

- a Verbotener Bereich
- b Laternen, die nicht die ganze Nacht über leuchten
- c Nothaltespur

(Antwort: b)

Schilderquiz

6) Jeder kennt dieses Zeichen: Der Verkehr wird dichter, es herrscht Staugefahr. Aber welches der vier Schilder sieht man nur in Italien?

a   b   c   d

(Antworten: c; a = In Frankreich, b = In Großbritannien, d = In Polen)

7) Dieses irische Schild zeigt dem Autofahrer Folgendes an:

a unbeschrankter Bahnübergang
b Straßensperre
c Hochspannungsleitung

(Antwort: a)

8) In Deutschland bedeutet dieses Schild:

a Polizeiwache

b Zollkontrolle

c Fußgängerüberweg mit Polizist

(Antwort: c)

9) Dieses französische Schild ist zeitlos. Seit seiner Einführung wurden weder die Grafik noch die Abmessungen verändert. Es stammt aus dem Jahr:

a 1919

b 1949

c 1958

(Antwort: b)

10) In Spanien bedeutet dieses Schild:

a Straßenbahnlinien kreuzen

b Kreuzen einer Straße, deren Benutzer keine Vorfahrt haben

c Stadtgebiet

(Antwort: c)